家康と茶屋四郎次郎

泰経

静新新書
017

はじめに

「茶屋《ちゃや》四郎次郎《しろうじろう》って知ってる？」といえば、「家康に鯛のてんぷらを勧めた人でしょ」といった答えがかえってくるのではないだろうか。それによって家康の死期が早まってしまったという点で、どちらかといえば、マイナス・イメージで受けとられているように思われる。

また、少し歴史にくわしい人だと、天正十年（一五八二）六月二日の本能寺の変直後、堺を遊覧していた家康に、明智光秀が信長を討ったことをまっ先に伝え、引き続き、家康の生涯最大の危難といわれる「神君伊賀越え《しんくんいがごえ》」に際し、先導役として家康を無事岡崎城にもどした功労者だったことを強調するかもしれない。この場合には、茶屋四郎次郎は家康の命の恩人というわけである。

そして多くの人は、「神君伊賀越え」の危難を救った茶屋四郎次郎と、家康に鯛のてんぷらを勧めた茶屋四郎次郎が同一人だと思っているのではないだろうか。実は、同じ茶屋四郎次郎という名前を名乗っているが、二人は別人であった。茶屋家では、当主が四郎次郎を名乗ることになっていて、四郎次郎が襲名されていたのである。

ところで、茶屋四郎次郎は京都の呉服商だったわけであるが、その京都の豪商がなぜ徳川家康とかかわりをもつようになったのだろうか。また、大御所駿府政権のブレーンになったのはどうしてなのだろうか。朱印船貿易家としての茶屋四郎次郎と家康とのかかわりについてもくわしくみていくことにしたい。

目　次

第一章　茶屋家の出自と家系

先祖は信濃守護小笠原氏の家臣か

江戸時代の茶屋家は、角倉《すみのくら》家・後藤家とともに京都三長者といわれるほどの豪商であった。しかし、家門が台頭してくるのは清延《きよのぶ》、すなわち初代四郎次郎の「神君伊賀越え」における活躍が契機となっていることもあり、清延の前歴、あるいは祖父宗延《むねのぶ》・父明延《あきのぶ》の経歴は茶屋家の種々の由緒書以外の史料にはあらわれてこないため、不明確な部分も少なくない。

由緒書によると、茶屋家は小笠原小太郎貞興《さだおき》にはじまるとされ、大永年中（一五二一～二八）、清延の祖父宗延のときに山城国中島を領したという。だが、嫡子中島四郎左衛門尉明延とともに小笠原大膳大夫《だいぜんのだいぶ》長時に仕えていた宗延が戦死し、明延も深手を負ってから多病となったために中島を去ったとされている。その後、奈良に隠れていた明延の家系を知った芝田氏が、小笠原右馬助長隆の娘を明延に嫁がせ、小笠原氏と芝田氏の助力によって呉服を商うようになって以後、京都新町百足屋《むかでや》町に住居するようになったというのである。なお、茶屋家はその後もずっと百足屋町に屋敷を構えていた。そこは、新町通蛸薬師《たこやくし》下ルのところ

で、町名の由来は、かつてそこに巨商百足屋が店を構えていたからといわれている。ちなみに、茶屋家は、宝永五年（一七〇八）の大火で、小川通出水《でみず》に転居している。

　当時の京都や堺の商人たちはかなり茶の湯にのめりこんでおり、明延もどこで習ったかはわからないが茶の湯をたしなんでいたといい、屋敷内に茶屋もあったらしい。

　そのころ、武田信玄に信濃を逐われ、流浪していた小笠原長時は将軍足利義輝の弓馬の師範に迎えられていた。長時は、元家臣だった親しみやすさもあったのであろう。たびたび義輝の供をして明延宅に立ち寄り、茶を飲むことが頻繁にみられたという。「中島明延の茶室に寄ろう」が、いつしか「茶室に寄ろう」ということになり、明延の店そのものが茶屋とよばれるようになり、屋号となり、さらには苗字のようになったのではないかと考えられる。

なお、小笠原長時の家臣だった中島明延が京都の呉服商になったいきさつについては異説もある。それは、長時が三好長慶《みよしながよし》に招かれ、摂津芥川城（大阪府高槻市）に入ったため、明延もそれについてきたというものである。このあたり、どれが実際のことだったのかについては、よくわからない。

というのは、茶屋家の出自を小笠原氏の末流に求めていることについて、疑問も出されているからである。なぜなら、出自を小笠原氏にしている由緒書は江戸時代中期以降に書かれたものが多く、比較的古い時代のそれにはこうした記載が見受けられないためである。このように茶屋家の出自が後世になって小笠原氏につなげられることになった経緯は、宗延・明延父子が小笠原氏の家臣として一時庇護されていたこと、さらに明延の妻が小笠原右馬助長隆（長時の子）の娘であると伝えられていることなどから、小笠原氏との関連を出自の上に取り入れるに至ったためだとも考えられている。この点については、中田易直氏の「茶屋四郎次郎由緒考」（『歴史地理』八七巻一・二号）にくわしい。

また、茶屋家の出身地にしても史料的に明らかでなく、由緒書のほとんどが山城国としているため、おおむねこの見方が一般的である。中田易直氏も、明延が京都で初めて呉服商人になっている事、明延・清延が徳川氏から京都の案内者として当初より重宝されていた事、のちに清延の子である清次が褒美の知行地として山城国山崎辺りを見立てていて、この地方に強い愛着を示している事などから出身地は山城ではなかったかとされている。さらには、茶屋家がもともと山城の地侍《じざむらい》的な土豪《どごう》クラスだったとして、後に商人として活動するに好都合な地盤がすでにあって、京都洛中に進出して豪商化したものであろうとされているが、これはあくまでも推測の域をでないものである。

もっとも、川島元次郎氏はその著『朱印船貿易史』で、由緒書が山城としているのは尾張の誤りであると推測されているが、その根拠は明らかにされていない。さらに中嶋次太郎氏は『徳川家臣団の研究』で、三河の出身であるとしている。しかし、その論拠は、茶屋家の出自が信濃深志の小笠原氏ではなく、三河幡豆《はず》の小笠原氏であると断定された上に置かれており、前述のように小笠原氏に出自をつなげることが困難である以上、そのままに理解するのはむずかしい。中嶋次太郎氏は前掲書で、明延の子四郎次郎清延が若いときから家康に仕えていて、『遠碧軒随筆《えんぺきけんずいひつ》』に「三河の者にて侍なり」と記されている点をとりあげ、三河出身の傍証としている。

たしかに、それ以外にも三河出身説をにおわせている史料はある。たとえば、五代茶屋四郎次郎延宗《のぶむね》（宗古《そうこ》）が、延宝元年（一六七三）十一月二十七日付で幕府に提出したといわれる『茶屋宗古書上ゲ留記』には、

一、先祖四郎次郎ト申候ハ、少し様子ござ候て、京都ニ引籠りまかりあり住居仕り候。其節、清康様《（松平清康）》御存知ならせられ、上方《かみがた》の御買物仰せつけられ相達し申し候。其御時分は、清康様御明君の御執りざたにて一入悦びたてまつり候と常々四郎次郎申し候旨申し伝え候。然れども、此段は余り事久しき儀に候故、如何に存じ奉り候。

とあり（以下、史料引用は読み下しにする）、家康の祖父にあたる松平清康から上方での買物御用をつとめていたとする。年代からすると、初代四郎次郎清延の父にあたる。つまり、この『茶屋宗古書上ゲ留記』を信用すれば、初代清延の父明延も四郎次郎を名乗っていたことになるが、そのあたりの詳細はわからない。

ただ、松平清康が、天文四年（一五三五）に三河の大樹寺《だいじゅじ》の多宝塔を造営させたときの銘文が多宝塔にあり、そこに松平清康と並んで三〇〇疋を奉加した中島次郎九郎という武士の名がみえることは事実である。中嶋次太郎氏は、この中島次郎九郎の子が中島四郎左衛門尉明延であろうとしている。

天文年間（一五三二〜五五）、三河に中島次郎九郎と名乗る武士がいたことは、多宝塔の銘文があるので間違いないだろう。しかし、その中島次郎九郎が京都の呉服商中島四郎左衛門尉とストレートに結びつくかどうかは明らかではない。もしかしたら、何らかの形で三河に関係があったかもしれないが、これだけの材料で、茶屋家を三河出身と断定することは無理ではなかろうか。

清延が家康の三河時代以来の御用商人であり、呉服御用と側近御用を仰せ付けられていたことからそのように考えられたものであろうから、それだけで三河の出身と断定するのは早計かもしれない。

ただ、商人でありながら侍とみられていたことは事実のようである。というのも、茶屋家の本姓《ほんせい》はすでにみたように中島氏であったものの「先祖之姓名ヲ隠シ権現様（家康）へ御奉公申上候」（『茶屋四郎次郎長曾先祖書』）とあるように、中島姓を隠して家康に仕えており、天正十四年（一五八六）に家康が上洛した際、『呉服師由緒書』によると、

四郎次郎名字はと上意に付、謹《つつしんで》而御請申上たてまつり候は、名字は御座無きものと申上候へば、本名由緒兼《かね》而《て》聞召《きこしめし》なされ候故、幸四辻江出迎候間、向後中島と名乗候様にとありがたく上意をこうむりたてまつり、本名と申、猶以右の時分より今に至りて、一

> 類の者共迄中島を名乗申候。

と記されている。つまり、清延が家康に名字を聞かれたが無いと答えると、家康がかねてから茶屋の本姓を承知していたためであろう、ここにきて改めて中島姓を名乗ることが許されたというのである。これをうけた清延は、『家譜』（『南紀徳川史』）に、

> 此度中島と苗字下され候えども、御家老方御旗本衆も茶屋と呼馴《よびなれ》候事故《ことゆえ》、今更中島と改め候ては却《かえっ》て通り悪敷《あしく》候間、是迄通茶屋を名乗候方然るべきやと榊原康政申され候に付、其段御側向《そばむき》迄申上、是迄通茶屋を以て通称と仕候。

とあるように、迷ったもののこれまで通り茶屋を称することに決めたようである。

茶屋家は、清延の子の代に本家から尾州《びしゅう》茶屋、紀州《きしゅう》茶屋として二家が分家しているが、この尾州茶屋家の当主は帯刀も許されていたことが知られており、林董一氏の『近世名古屋商人の研究』によると天和年間（一六八一～八四）まではこの特権が付与されていたとみられている。紀州茶屋自身が「身、士に非《あら》す商に非す」（前掲『家譜』）と評していることからも明らかなように、茶屋家の身分は商人でもあり、同時に武士でもあったと考えられているのである。

このように商人と武士という身分上の二面性を持つ茶屋家であったが、同時代の他の豪商

茶屋家系図

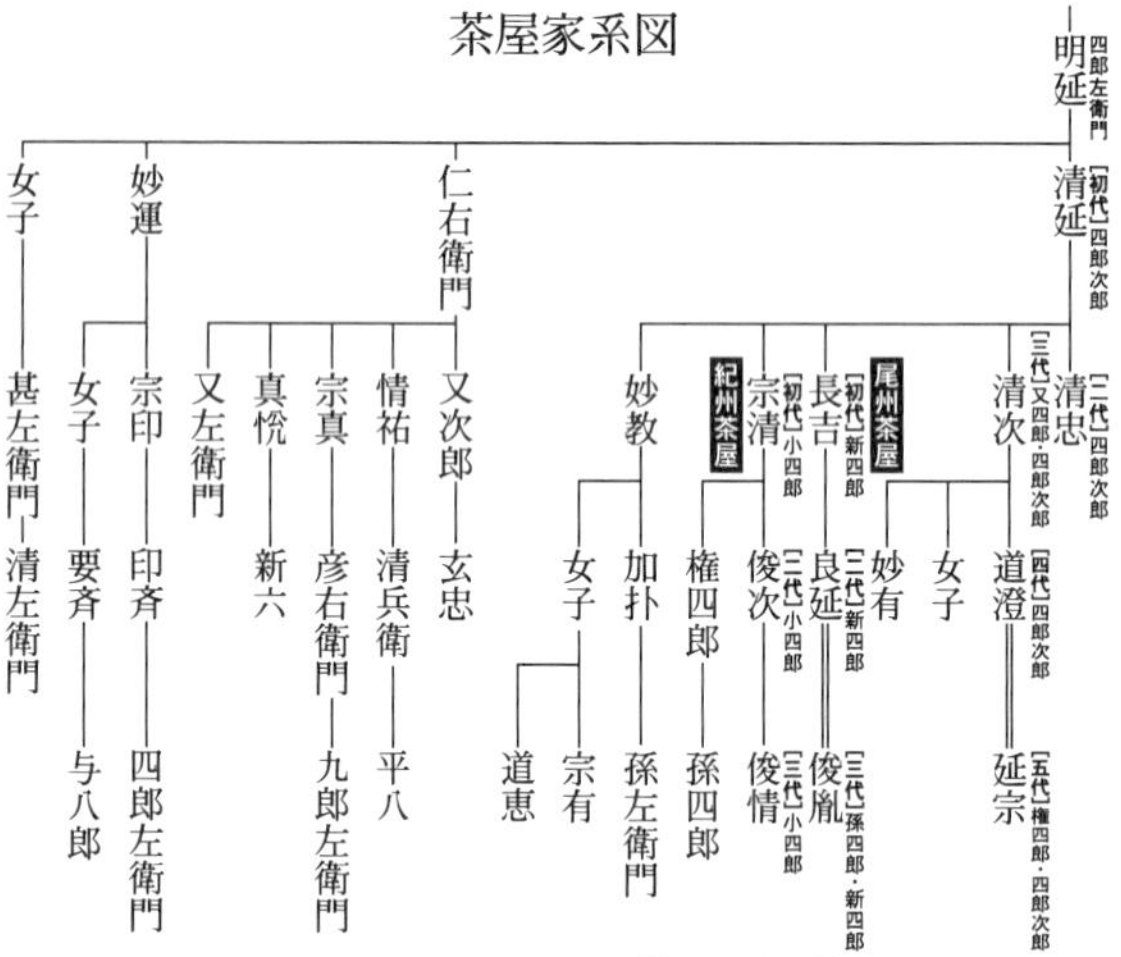

『茶屋四郎次郎事書』所収系図等をもとに作成

と同じ様に相当な茶人でもあったらしい。茶屋という屋号が、すでにみたように明延の茶を将軍義輝が馳走になったことに由来することは由緒書にみえる通りであるが、桑田忠親氏の『千利休研究』からも明らかなように清延もまた、島井宗室《しまいそうしつ》や神谷宗湛《かみやそうたん》と同様に利休門下を称している。清延の子である清次も相当な茶人であったものらしく、「利休七哲《りきゅうしちてつ》」とうたわれた織田有楽《おだうらく》（信長の弟）から度々茶会に招かれていて、清次自身、『由緒書』に、

御柳営《ごりゅうえい》において、四郎次郎御茶指上たてまつり候様にと上意によって、台徳院《（秀忠）》様、大猷院《（家光）》様江御茶指上たてまつり候。

と記されているように、秀忠・家光の手前で

茶をたてているのである。

茶屋家においては、本家は清延以降、代々四郎次郎を称しており、清延亡き後は嫡男清忠が家督を継いだが、妻子を持たないまま早世してしまったので二男又四郎清次が三代四郎次郎を襲名している。この清次は幕府の長崎貿易に携わり、大坂の陣でも活躍しているが、この時には大坂方から、

此度《このたび》城中より兵共呼けるは、六本鑓の衆こわきなと云て悪口しける。是は大工大和《やまと》、後藤庄三郎銀師、栄仁《えいにん》京町人、同茶屋又四郎、此等皆大御所宿直せしむる者共也。

と、『当代記』に書かれるだけの役割を果たしたものとみられている。ちなみに、ここに名前の出た「大工大和」は大工頭の中井大和守正清であり、後藤庄三郎は、のち、家康の駿府大御所政権で茶屋四郎次郎とともにブレーンとなった豪商の後藤光次である。栄仁はやはり豪商の亀屋栄仁である。

清延の三男である新四郎長吉も大坂の陣に際しては、『代々続書手元調書』に、

大坂御出陣之砌《みぎり》、京都ニ火ヲ掛ケ焼払候旨、新四郎承《うけたまわ》り、兄清次江申聞《もうしきかせ》、御出陣御延引遊ばされ、其後御褒美の権現様上意ありがたきヲ以、尾張様(義直)江御付属遊ばさるべき旨……

と記されているように、京都への放火の計画を察知した長吉が兄の清次に報告したという。ちなみに、同書および『尾州茶屋日記』によると、茶屋新四郎長吉はこの働きによって尾張の徳川義直につけられているのである。

四男の小四郎宗清《むねきよ》もこの時、兄清次・長吉と同様に活躍していたことが伝えられている。すなわち、『朝野旧聞裒藁《ちょうやきゅうぶんほうこう》』に、

板倉勝重京師ノ市人茶屋小四郎ト云者ト内縁アリ。小四郎カ姻家大坂市人尼崎屋某ハ大坂城中へ材木ヲ商ヒ常ニ城中へ出入スル故、小四郎ニ是ヲ謀ラシメ城中ノ事ヲン事ヲ託ス。因テ尼崎屋城中ノ密事ヲ探リ聞キ勝重ニ告ク。勝重時ヲ移サス駿府ニ告ク。

とあるように、尼崎屋に大坂城内の様子を内偵させている。さらに宗清は和睦の内使も勤めており、これら一連の働きによるものであると思われるが、のちに紀伊藩主となる徳川頼宣《よりのぶ》につけられているのである。

清次が本家を継いで幕府から公儀御用達の呉服師を拝命する一方で、徳川義直につけられた長吉は尾州茶屋家を創設し、徳川頼宣につけられた宗清は紀州茶屋家を創設してそれぞれ両徳川家の御用呉服師となっている。これだけのことからしても十分に、茶屋家が家康の江戸幕府を開く過程において、あるいは体制を強化する段階においても重要な役割を果たして

いたことをうかがい知ることができるであろう。しかし、茶屋家が公儀御用達の呉服師としてはもちろんのこと、朱印船貿易家としても活躍する布石になったのは、なんといっても初代清延と三代清次の功績によるところが大きいと思われるので、まず家康と初代の茶屋四郎次郎清延との関係を中心に詳しくみていくことにしたい。

初代四郎次郎清延と家康とのかかわり

清延は慶長元年（一五九六）に没しているが、生年については明らかではない。享年が五十五であると記している由緒書もあるので天文十一年（一五四二）あたりではないかと考えられる。三河の家康とのつながりはかなり古くからあったようで、『家譜』（『南紀徳川史』）にも、

四郎次郎清延、永禄三年八月、父明延の進めに依て三州《三河》へ出向。明延旧友杉浦勝吉の取次を以て権現様へ御奉公仕、上方筋に於て聞込候儀もこれ有り候はゝ速に言上仕旨、上意に依て其旨明延方へ申通し、四郎次郎儀は三州に止り御具足召其外御用相勤度々上京仕り候。

とみえる。永禄三年（一五六〇）にはすでに軍需品の調達を委ねられていて、前掲『茶屋

四郎二郎長曾先祖書』に、

永禄年中、権現様三州岡崎御在城成され候御時節、右四郎次郎清延御側近相詰申候様ニ
ト上意ニテ召仕われ候。

とあるように、家康に近仕していたことがうかがわれる。そのうえ戦時には、『由緒抜書』に、

永禄年中より右清延恐れながら権現様江召出され、御陣之御供五十三度相勤めたてまつり候。

と記されているように実際に出陣してもいる。具体的には、元亀三年（一五七二）の三方ヶ原の戦い、天正三年（一五七五）の長篠・設楽原の戦い、天正十二年（一五八四）の小牧・長久手の戦い、天正十八年（一五九〇）の小田原攻めなどがあげられる。商人でありながら合戦に参陣しているのは注目すべき点であるが、そればかりか、天正十年（一五八二）に織田信長が武田勝頼を攻めた際には家康の使者としても活躍しているのである。

それにしても、家臣でない初代の茶屋四郎次郎清延が、自ら甲冑に身を固め、家康の側近くにいたというのはどういうことなのだろうか。家康の御用商人であると同時に家臣としても位置づけられていたのだろうか。

ただ、その場合、家臣に位置づけられる理由がよくわからない。家臣ならば家臣で、〝御

恩〟と〝奉公〟の封建制的主従関係が結ばれ、知行といった〝御恩〟が与えられるはずであるが、現在までのところ、家康から清延に〝御恩〟として知行が与えられた形跡は皆無である。もしかしたら、家康から御用商人にとりたてられたということを〝御恩〟と感じた茶屋四郎次郎清延が、自発的に〝奉公〟として、合戦に際し自ら甲冑を着て出陣していったのかもしれない。ある意味ではこれも立派な〝御恩〟と〝奉公〟の封建的主従制の論理になるというのであろうか。

もっとも、出陣したとはいえ、直接、作戦にかかわる武士の仕事には口出しはしなかったに違いない。しかし、商人としての目で、時には家康にアドバイスしていた可能性はあるのではないか。茶屋四郎次郎のような毛色の変わった人間が組織に入ることによって思いもよらないアイデアが生まれたりするもので、商人茶屋四郎次郎の存在は、家康家臣団の中にあっても独特な光を発していたものと思われる。

先に引用した『由緒抜書』に「御陣之御供五十三度」とあるように、清延の出陣回数は五十三とされている。もちろん、史料の性格からいって、その数をそのまま信用することはできないが、京都―三河間を何度も往復し、家康のために奔走していたことは事実であろう。

では、家康とのかかわりはこうした「御陣之御供」だけだったのだろうか。茶屋家が京都の豪商だったという点は意外と忘れられやすい。このことに関して、小和田哲男氏が注目すべき見解を展開しているので、少しみておくことにしよう。

具体的には、永禄九年（一五六六）の松平から徳川への改姓に初代茶屋四郎次郎清延が密接にからんでいたのではないかという指摘である。

「茶屋四郎次郎―『徳川の天下』に賭けた武家商人―」（『プレジデント』一九九二年六月号）において、松平から徳川への改姓に際し、その政治工作に清延が深くかかわっていたのではないかとする。

家康が永禄九年の段階で、なぜそれまでの松平から徳川に変えようとしたのかという点については、これまでにも様々論じられてきた。よくいわれるのは、三河一国を実質的に支配することになり、実だけではなく名もほしくなって、三河守への任官を望んだところ、源氏・平氏・藤原氏・橘氏のいわゆる〝源平藤橘《げんぺいとうきつ》〟の天下の四姓につながらない松平氏では叙《じょ》位任官《いにんかん》されないことを知り、祖父清康が清和源氏新田《にった》一族の世良田《せらだ》氏を名乗っていたので、清和源氏の末流として叙位任官を果たしたというものである。

ただ、この点も、最近、小和田哲男氏が「徳川家康の源氏改姓問題再考」（『駒沢大学史学論集』三五号）という論文で、家康の希望にもかかわらず、はじめは藤原姓徳川になり、そのあと源姓徳川に変わったとしている。ここでは、そうした新しい解釈もとりこみながら、家康が松平から徳川に姓を変えていく過程と茶屋四郎次郎清延の働きについてみていくことにしたい。

家康のような地方武士が三河守への任官を希望する場合、将軍に申請し、将軍から朝廷に奏請し、許可がおりるという形をとる。おそらく家康は、茶屋四郎次郎清延の屋敷に将軍足利義輝がしばしば立ち寄るということを清延から聞いていて、清延を通して義輝に意向を打診していたものと思われる。

ところが、その足利義輝が永禄八年（一五六五）五月十九日、松永久秀らに攻め殺されてしまったのである。家康としては足利義輝ルートでの改姓申請は断念せざるをえなくなった。しかも、その後、しばらく将軍は空位のままで、結局、直接、朝廷に申請することになったものと思われる。

その時、朝廷側の窓口となったのが関白近衛前久《このえさきひさ》であった。この近衛前久の回想録といってもよい子の信尹《のぶただ》にあてた長文の書状が世に出たことによって、家康が「復姓」という形で源姓徳川を申請したにもかかわらず、この時は藤原姓徳川にさせられたいきさつがわかってきた。

近衛家は藤原姓である。近衛前久は、神祇官吉田兼右《かねみぎ》に命じ、同じく藤原姓である万里小路《までのこうじ》家から藤原姓徳川氏の系図をさがさせ、その系図の写しを作らせている。家康はそのおかげで、念願の従五位下《じゅごいのげ》・三河守への叙位任官を果たすことができたというわけである。

近衛前久書状によると、近衛前久と家康との間で斡旋役をつとめた人物として誓願寺の僧慶深《けいしん》の名前と家康の家臣鳥居忠吉《とりいただよし》の名前しか出てこない。しかし、莫大な礼金が用意されていたことといい、京都に人脈をもたない慶深と鳥居忠吉二人の才覚だけでは徳川改姓はできなかったものと思われる。そのバックで清延が動いていたのではないだろうか。

というのは、近衛前久や吉田兼右といった公家たちは、何も自分たちの得にならない三河の一大名松平家康の改姓などに真剣にとりくむとは思えないからである。家康から金を握らされ仕方なくそのように動いたというのが実際のところだったのではないかと思われる。

この松平から徳川への改姓という政治工作に、初代清延が一枚かんでいたことを示す史料は残念ながらないが、当時、家康のまわりで、京都人脈、すなわち朝廷につながりをもっている人物は見当たらず、京都在住の商人茶屋四郎次郎がかかわっていた可能性はきわめて高いのではないかと考えられる。

本能寺の変と「神君伊賀越え」

後世に編纂された由緒書などではなく、同時代の人が書いた古記録に茶屋四郎次郎の名前はいつごろから登場してくるかを調べたが、意外に遅い。家康の家臣松平家忠の日記である『家忠日記』の天正六年（一五七八）九月晦日の条が最初のようである。そこには、

晦日、戊寅、酒井左衛門尉、平岩七之助所より、茶屋四郎次郎合力《ごうりき》の事申し越し候。

とみえる。もちろんこの茶屋四郎次郎は初代の清延である。なお、ここに名前の出た酒井左衛門尉は酒井忠次、平岩七之助は平岩親吉《ちかよし》のことである。

この年、すなわち天正六年六月三日、家康は遠江における武田勝頼方の拠点である高天神《たかてんじん》城を本格的に攻めるため、遠江の横須賀に横須賀城を築きはじめ、八月二十一日には、やはり武田方の城である小山《こやま》城も攻めはじめている。

武田勝頼との合戦が近いと判断した茶屋四郎次郎は、「合力」のため京都から浜松城にやってきた。当時、『家忠日記』の著者松平家忠は最前線の横須賀におり、浜松城にいる家康の重臣二人から茶屋四郎次郎の「合力」のことを知らされたことがわかる。

このときの「合力」というのが具体的にどのようなものなのかは不明であるが、酒井忠次はよくいわれる「徳川四天王」の筆頭で、重臣トップの部将である。その酒井忠次が茶屋四

郎次郎の「合力」を最前線に連絡していたわけで、すでに茶屋四郎次郎の清延が、徳川家臣団の中に相当の重みをもって迎えられていたことがわかる。

その後、しばらくの間、清延と家康のかかわりを示すできごとは史料的には確認できない。つぎに清延の活躍がみられるのは、天正十年（一五八二）六月二日におきた本能寺の変後の一連の行動であった。

本能寺の変は、供の数わずか一〇〇人ほどで京都の本能寺に泊まっていた織田信長が、家臣の明智光秀《あけちみつひで》に襲われ殺されたもので、従来は怨恨説あるいは野望説といった形で説明されてきた。最近、朝廷黒幕説・足利義昭黒幕説・イエズス会黒幕説・堺商人黒幕説といったように黒幕説が提起され、話題となっているが、どれも決め手に欠けており、まだ、定説とされるものがない状況である。

まず、この本能寺の変に至るまでの家康および初代茶屋四郎次郎清延の動きを時系列で整理しておこう。

本能寺の変のおよそ四か月ほど前、天正十年二月三日、信長が甲斐の武田勝頼攻略の部署を定め、自らは嫡子信忠とともに美濃から信濃に侵攻し、家康には、そのころはまだ武田氏の領国だった駿河から甲斐に進むよう指示があった。また、信長と好《よしみ》を通じていた北条氏政にも関東から、金森長近《かなもりながちか》は飛騨からそれぞれ攻め入るよう要請がされている。

そこで家康は二月十八日、浜松城を出陣して掛川城に至り、二十日には田中城を囲んでいる。このとき田中城を守っていたのは勝頼の家臣依田信蕃《よだのぶしげ》だったが、抵抗するのは無理と判断し、田中城を明け渡している。家康は田中城を接収し、さらに翌二十一日には駿府に入った。

そのころ、武田氏の駿河支配の拠点となっていたのは江尻《えじり》城で、家康は江尻城主穴山梅雪《あなやまばいせつ》に対する勧降工作を行っている。穴山梅雪は、信玄の娘を妻としており、したがって勝頼の姉婿にあたるわけであるが、家康の説得を受け入れ、人質に出してあった妻子を盗みだし、勝頼をそむき、信長方となった。それが三月一日のことである。

家康は、早速、寝返ってきたばかりの穴山梅雪を案内役に、九日には駿河から甲斐に攻め入り、九日に身延を通って十一日には甲府に入っている。この日、すなわち三月十一日に、敗走する勝頼一行は信長軍に追いつかれ、天目山麓の田野《たの》というところで自刃している。ここに戦国大名武田氏は滅亡した。

三月十九日、信長が信濃の飯田から上諏訪に陣を移したところで家康と合流している。武田攻めの論功行賞があったのは三月二十九日で、このとき、家康には、武田旧領のうち駿河一国が与えられることになった。それまで、三河・遠江の二か国だったので、それに駿河が加わった結果、今川義元のときと同じ三か国の大名になることになったのである。

四月十日、信長・家康はともに甲府に入ったが、信長が「富士山をみて帰りたい」といったため、家康が案内役となる形で富士山麓を通って駿河に入っている。十二日、駿河の富士大宮（富士宮市）で家康は信長を饗応し、十六日には、家康の居城浜松城に信長を迎えている。

おそらくそこで信長と別れたのであろう。そのあと、あらためて、五月十一日、家康は穴山梅雪をともなって安土に赴くため浜松城を出発した。これは、駿河一国を与えられたお礼をいうためと、家康のとりなしによって帰参を許された梅雪の助命のお礼の意味あいがあったためと思われる。

家康・梅雪一行の安土到着は五月十五日である。そのとき、明智光秀がその接待役を命じられたことはよく知られている。十九日には安土城中の摠見寺で梅若太夫の能を見物し、二十日、信長の饗応を受けている。安土滞在中に、信長から京および堺見物を勧められたのであろう。二十一日、信長さしまわしの長谷川藤五郎秀一《ひでかず》の案内で京都に入っている。もちろん梅雪も一緒であるが、清延が同行していたかどうかは明らかではない。

家康・梅雪一行はそれから二十八日まで京都に滞在し、京都遊覧を楽しんでいる。信長からは京都の南蛮寺《なんばんじ》に泊まるよう指示されていたらしいが、家康は茶屋四郎次郎の屋敷に泊まっている。家康としてもそこが一番安心できる場所だったのであろう。

二十九日、堺に入った。このときは案内役を清延がつとめている。堺では信長家臣で堺奉行だった松井友閑《ゆうかん》の饗応を受けている。その同じ日、信長は京都の本能寺に入った。六月一日も家康は堺にあって、今井宗久《そうきゅう》・津田宗及《そうぎゅう》の茶会に招かれている。そのときまで清延が同行していたが、堺から京都にもどる家康が清延の屋敷に泊まることになっていたため、その日、清延だけ一足早く京にもどっている。ところが、そこで本能寺の変に遭遇するのである。

清延は、明智光秀の謀反によって信長が殺されたことを堺の家康に伝えるため馬をとばした。この日、家康は堺を出発し、京にもどる予定でいた。本能寺の変がおこっていることなど全く知らない家康・梅雪の一行は、二日の朝、予定通り堺を出発しているが、馬をとばして家康に本能寺の変報を伝えようとする清延と、家康の先発隊本多忠勝と河内の枚方《ひらかた》あたりで会ったという。

このあたりの経緯については『茶屋由緒書』が比較的くわしい。やや長文にわたるが、この前後の家康および清延の動きを的確に伝えているると思われるので、つぎに引用しておきたい。

天正十年五月、権現様(家康)江州(近江)安土江御越遊ばされ候節も、四郎次郎清延御供仕り候。此の砌、信長公御勧メニ依って、御上洛遊ばされ、泉州堺をも御覧遊ばされ候。此の節、信長公にも御上洛成され候に付、右堺悉ク御遊覧相済み候段、信長公江仰せ遣わされ候。御使四郎次郎江仰せ付けられ、六月朔日、堺を出立仕り、京都江罷り登り候処、翌二日明智日向守光秀逆心に仍って、信長公御生害ニ付き、御注進の為馳帰り候処、河州枚方辺にて御先手本多平八郎忠勝江行合い、信長公御生害之旨密ニ申達し候に付、平八郎、四郎次郎共ニ乗込ミ、飯盛山辺ニテ御目見仕り候処、両人之様子御覧、唯事に非じと思し召され、御供之衆中は無用之旨にて、酒井左衛門尉、石川伯耆守、榊原小太夫、井伊万千代、大久保新十郎ならびに信長公よりの案内者長谷川竹、右之衆御前ニ相詰められ候。

時間的な経過および距離的なことを考えると河内の枚方あたりで清延と本多忠勝が会ったとするのは妥当な線だろう。

ただ、このあと、家康が「京都知恩院で切腹する」と口走ったことが諸書にみえるが、それはどうであろうか。たとえば、『武功雑記』には、………信長公御切腹ノ事、茶屋新四郎（マヽ）権現様へ註進申上候ハ、堺ヨリ御上京ノ路次枚方辺ニテノ事ニテ候。権現様コレヲ御聞成サレ、直ニ知恩院へ御越アソバサレ、御腹成サルベキトノ御事ニテ御座候ヲ、本多中書達而諫メ奉リ、ソレヨリ信楽へ御越候。

と記されている。ここに「本多中書」とあるのが本多忠勝のことである。

もっとも、この切腹云々ということについては、一般的には否定的で、川﨑記孝氏は、その著『家康と伊賀越えの危難』の中で、「かつて信長の命令で、最愛の子信康を我が手で殺さなければならないところまで追い込まれたことから考えても、今そこまでする必要はあるまい。人並み以上に苦しみ抜いてきた生活経験からして、一時の感情にかられるとも考えられない。四十一歳という分別盛りであり、そう血気にはやるとも思えないのである。」と述べており、首肯できる解釈である。

しかし、一瞬とはいえ、家康が切腹というか、斬り死にを口にしたことはありえたかもしれない。家康は、明智光秀が一万三〇〇〇という大軍を擁していたことは知っていたはずで、京都周辺はもちろん、東海道や中山道など、東へ通ずる主要幹線が明智の軍勢によって掌握されてしまったと考えたとき、家康が信長のあとを追おうとしたことは十分考えられるからである。それだけ、信長の死を知ったときの家康の絶望感は大きかったといえる。もしかし

飯盛山

たら、『武功雑記』のいうように、本多忠勝ら家臣の諫言で、我にかえり、生きて三河にもどる気持ちになったのかもしれない。

ただ、史料によっては別の解釈ができるものもある。『武徳編年集成』によると、信長の死を知っても家康は驚き騒がず、泰然自若として、近くの飯盛山が要害の地なので、そこに籠り、大坂にいる丹羽長秀と連絡をとって明智光秀に一戦挑もうとしたという。結局、そこに本多忠勝が合流し、忠勝から「明智軍は猛勢で、わずかの兵で当たることはできない」との諫言をしたということになっている。この意見に酒井忠次・石川数正の「両家老」が賛成し、少ない軍勢で明智軍とぶつかるのは得策でないという結論に達したという。存外、そこらあたりが実際のところだったのかもしれない。

そこで家康は、さきに引用した『茶屋由緒書』にあったように、酒井忠次・石川数正・榊原康政・井伊直政・大久保忠隣《ただちか》・本多忠勝と、信長から案内役としてつけられた長谷川竹、すなわち長谷川藤五郎秀一をまじえて善後策を練り、結局、伊賀越えの道をとって三河へもどることを決めた。

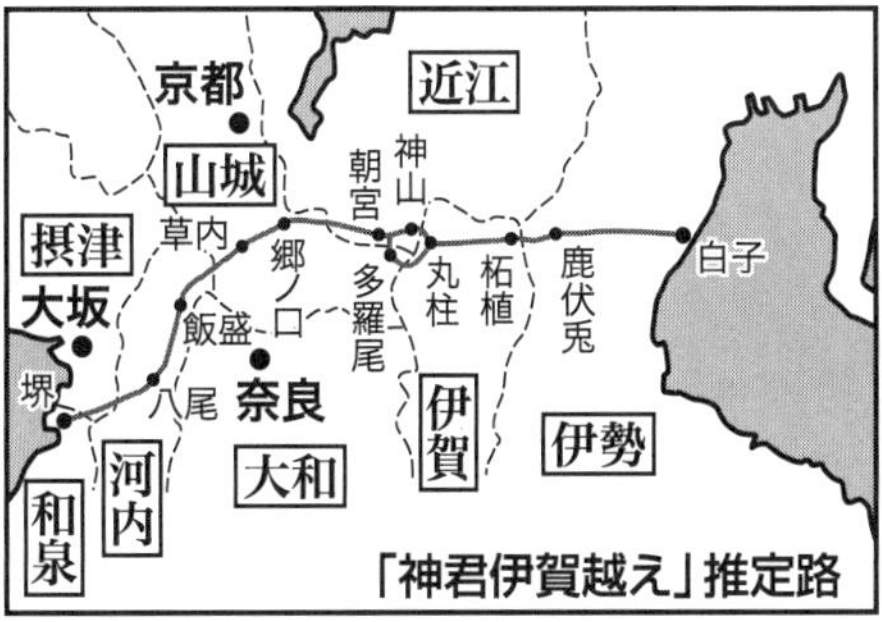

「神君伊賀越え」推定路

そのルートについては前述川﨑記孝氏の『家康と伊賀越えの危難』にくわしく、伊賀までのルートは諸書まちまちということで、川﨑氏は妥当と思われるところを結んで図示している。それが上に示したものである。

伊賀に入ってからのルートはほぼ確定されていて、丸柱《まるばしら》から石川、河合、柘植《つげ》を経由して伊勢に入り、鹿伏兎《かぶと》、関、亀山、白子《しろこ》を経て、白子から舟で三河に至った。その間、いわゆる「落武者狩り」から身を守るために活躍したのが伊賀者で、特に服部半蔵らの働きはめざましいものがあったわけであるが、それと負けず劣らずの働きをしたのが清延であった。

『呉服師由緒書』に、

……追々京都の風聞相聞こえ候に付、所の山賊共蜂起仕り候故、四郎次郎清延、御先へ相立、用意の銀子所々にて賦《くば》り与へ、御用に立て候に付、所々の者共罷《まか》り出で、御案内申し上げ、御機嫌能く参州江入りなされ候。

とあるように、道筋の百姓たちが武器をもって山賊行為を働いたため、清延が家康一行の少し先を行き、かねて用意の銀子をそれら百姓に渡し、安全に通してもらったばかりか、道案内もさせたというのである。

このあたりのことをもう少し具体的に記しているのが先に少し引用した『茶屋宗古書上ゲ留記』である。そこには、

……二日の暁、明智逆心により信長公御生害故、四郎次郎儀ハ早速注進と御迎に罷り出で、枚方へんにて御目みえ仕り、其の由申し上げ候所に、酒井左衛門尉・本田(多)中務殿御供にて御相談の上、伊賀越を御越しなさられ、すなわち御供仕り候。早在々所々に、洛中の乱、承はり及び候。それにつけ、四郎次郎儀、折節銀子八拾枚余り皮袋に入れ持参り候に付、四五町御先きえ罷り越し、宿々え銀五枚、拾枚宛、家康様より下され候、御馳走仕るべき旨申し、相くばり罷り通り候所に、所々の者共、誠に兼ね〳〵御慈悲なる殿様と承はり及び奉り、有難き次第と申し、宿中の者一宿づつ御迎に罷り出で、御送

り申し上げ、次第〳〵御供仕り、つつがなく三州え越しなさられ候と、申し伝え候。

とみえ、清延が、家康一行の四、五〇〇メートルほど先を行き、村々の主だった者に銀を五枚とか十枚ずつ握らせ、「落武者狩り」を未然に防いだというのである。これなどは、まさに商人ならではの才覚であろう。

この一件が、仮に茶屋家の由緒書にしかみえなければ、茶屋家が自己宣伝のためにでっちあげたといわれるかもしれない。しかし、『イエズス会日本年報』上所収の「一五八三年の日本年報追加」にも、このことを裏付ける記述がみえるので、銀子を賦りながらの逃避行は史実だったものと思われる。そこには、

……堺を見物するために来た大身二人、すなわち信長の義弟である三河の王〔徳川家康〕と穴山殿〔梅雪〕と称する人はこの報に接し、即日急にその国に行くため引返した。三河の王は多数の兵に賄賂とすべき黄金をもっていたため、困難はあったが通行できて国へ帰った。

と記されている。黄金を用意していた人物を茶屋四郎次郎清延とは特定していないが、この逃避行のとき、家康一行と行動を共にした商人としては清延しかいないので、「賄賂」を用意していたのが清延だったことは疑いない。実に家康は、初代茶屋四郎次郎清延のおかげで

命拾いをしたのである。

それは、このとき、堺まで行動を共にしながら、自分の意思で家康とは別行動をとった穴山梅雪が、逃避行の最中、宇治の田原（京都府宇治市大久保町田原）というところで落武者狩りの襲撃を受け、殺されてしまったことをみれば明らかである。茶屋四郎次郎が用意していた銀子がなければ、家康も梅雪と同じ運命をたどっていたかもしれない。家康としても、このとき受けた恩は忘れられず、茶屋家がこののち、幕末まで幕府の御用商人として遇されるのは、これが決定的だったと思われる。

清延は「家康情報局京都駐在所長」か

本能寺の変のあと、明智光秀は有名な「中国大返し」によって畿内にもどってきた羽柴秀吉と山崎に戦い、敗死した。三河へもどった家康が、兵をまとめて信長の弔《とむら》い合戦に向かおうとしたときには、もう秀吉が光秀を討っており、家康の出番はなく、それからしばらくの間、秀吉と家康は〝冷戦〟状態であった。

そうした〝冷戦〟状態の場合、ふつうならば、秀吉が押さえている京・大坂周辺、すなわち上方の情報は家康のところまでは届かない。ところが、家康は、京都の茶屋四郎次郎清延から上方の最新情報を受けとっていたのである。つまり、清延は、家康側から秀吉陣営に送りこまれた諜報部員のような役割を果たしていたことになる。そのため、このころの清延を「家康情報局京都駐在所長」などと表現する歴史家もいるほどである。実際、茶屋家の由緒書には、「上方筋に於て聞き込み候儀もこれ有り候わば、速やかに言上仕るべし」などとみえるので、諜報活動をしていたことはまちがいない。

秀吉は、茶屋家が家康に情報を届けていることは承知していたものと思われる。しかし、表向きは呉服商なので、取りつぶすわけにはいかず、結果的に、上方情報が家康のもとに流れていくことを黙認せざるをえなかったのである。

本能寺の変、そして山崎の戦いがあったあと、秀吉・家康関係は微妙であった。翌天正十一年（一五八三）四月の賤ヶ岳の戦いのときには、家康は秀吉からも柴田勝家からも味方になるよう誘いを受けているが、どちらにも味方しなかった。ところが、秀吉が勝家を破ると、家康は秀吉に戦勝祝いとして名器のほまれ高かった初花肩衝《はつはなかたつき》という茶入れを贈っているのである。家康としても、秀吉の実力は認めざるをえなかったものと思われる。

ところが、天正十二年に入って雲ゆきがおかしくなってきた。というのは、秀吉が信長の次男信雄《のぶかつ》の家老を籠絡しようと動きだしたからである。これは、秀吉が織田家簒奪《さんだつ》に動きはじめたことを意味し、信雄からの相談を受けた家康も、秀吉との戦いを決意している。これが天正十二年三月からはじまる小牧・長久手の戦いである。

諸種の由緒書には、このとき清延も出陣し、実際に槍働きをしたという。しかし、清延の活躍の場面は、槍働きよりも、その後の講和交渉の場面においての方が顕著であった。

小牧・長久手の戦いは、周知のように、局地戦では家康が勝っているが、軍勢の数は秀吉方十万、家康・信雄連合軍側わずか一万六〇〇〇と全く比較にならず、全体として秀吉方優勢で推移した。

しかし、なかなか力でねじふせることはできず、秀吉はまず信雄に講和をよびかけ、その年十一月十二日、秀吉と信雄の講和が成立してしまった。家康としてはそのことによって戦う名分を失う形となり、十二月十二日、家康も講和に応じている。このとき、形の上では秀吉の養子、実質的には家康からの人質として秀吉に差し出されたのが家康次男の於義丸《おぎまる》、すなわち、のちの結城秀康《ゆうきひでやす》である。

翌十三年を迎え、秀吉としては何とか家康を上洛させ、臣従させたいと考え、使者を遣わしているが、家康はとうとう上洛しなかった。家康の協力なしには天下統一はむずかしいと考えた秀吉は、ついに奥の手を使った。すでに他家に嫁いでいた妹を離縁させ、家康に嫁がせようというのである。

こうして天正十四年（一五八六）五月十四日、浜松城において、家康と秀吉の妹朝日姫（旭姫とも書かれる）の婚儀が行われるが、家康はそれでも上洛しようとはしなかった。結局、秀吉は、自分の生母大政所《おおまんどころ》を、表向きは朝日姫の見舞いという形で、実質的には人質として三河の岡崎城まで送りこんできたのである。ことここに至って、さしもの家康も重い腰をあげざるをえなくなった。十月二十日、岡崎を発し、二十四日、京都の茶屋四郎次郎清延の屋敷に入っている。

注目されるのは、家康が泊まった清延の屋敷をひそかに秀吉と秀吉の弟秀長が訪ねたということが『家譜』にみえる点である。そこには、

天正十四年十月、権現様御上洛成られ候節、京都新町百足屋町四郎次郎屋敷、御旅館に相成り候に付………此の時、秀吉公と御和睦の儀に付、夜に入り、秀吉公・羽柴秀長御入成され、御密談之有るに依って、門前へ敷物取繕いを致し、御供方へ酒肴差出し饗応仕り候。

とみえる。

ふつう、上洛し、大坂まで出てきた家康を秀吉がひそかに訪ねた場所を、大坂の秀長屋敷

と解釈している。仮に、京都の茶屋邸まで秀吉がひそかに訪ねたという史料が『家譜』だけであれば、根拠のない俗説として片づけられてしまうところであろう。ところが、同じような情景描写がほかの史料にもあるのである。

『徳川実紀』には、「廿五日御上洛あれば、其夜関白ひそかに御旅館をとはせられ、長篠の戦の後十二年にて対面せらるゝとて悦《よろこび》大方ならず」と記され、さらに『玉拾集』というものを引いて、「御上洛ありて、茶屋四郎次郎清延が家もて御旅館となさる。秀吉よりは使もて御上京を賀せしめ、夜に入、ひそかに微行して来られ、年久しくて対面し、こゝらの鬱懐《うつかい》皆散じぬ」と記されている。

茶屋邸で家康と秀吉がひそかに会っていたとすれば、当然、清延も秀吉に会っていたはずである。その後、家康は秀吉の天下統一事業に協力する形となるので、清延は、秀吉と家康のパイプ役を果たしたといってもよいのではないかと思われる。

その後、家康は秀吉に臣従する形になったので、秀吉の命によるさまざまな役もかかってくることになった。天正十六年（一五八八）の後陽成《ごようぜい》天皇の聚楽第《じゅらくてい》への行幸《ぎょうこう》にともなう準備もその一つだった。この聚楽行幸というのは、同年四月十四日から五日間にわたり、秀吉が関白の政庁として築いた聚楽第に後陽成天皇を招いたもので、聚楽第完成を祝うとともに、秀吉の力を朝廷にみせつけるねらいもあり、その準備のための分担が家康にもかけられたのである。

このとき、家康も京都にいたが、実際の作業は清延がとりしきっていた。その意味では、清延は家康にとって京都奉行とか京都代官といった性質のものだったことがわかる。他の大名には、京都奉行なり京都代官といった者はいない。仮に、清延ではなく、「徳川四天王」といわれた酒井忠次・本多忠勝・榊原康政・井伊直政ら直属の家臣がそうしたポストにつけば秀吉を刺激したかもしれない。清延はあくまで京都の商人だったわけで、秀吉の方としても何もいえなかったのではなかろうか。

家康および清延の身辺に大きな変化があらわれたのは天正十八年（一五九〇）の秀吉による小田原攻めと、それにともなう関東への転封《てんぽう》であった。

天正十八年三月一日、秀吉が三万余の直属軍を率いて小田原城攻めに出陣した。すでに先鋒を命ぜられていた家康は出陣しており、総勢二十一万とも二十二万ともいわれる大軍で、秀吉の天下統一に最後まで抵抗した北条氏政・氏直を攻めたのである。

四月三日から小田原城は包囲されたが、そのころの小田原城は、周囲の総延長が九キロメートルにもおよぶ大外郭、すなわち惣構《そうがま》えで守られていて、大軍の攻撃をはねのけていた。

しかし、関東各地に散らばる支城が秀吉軍の各個撃破によって落城し、本城である小田原城も、籠城およそ三か月後の七月五日、ついに開城することになった。

　この小田原攻めの論功行賞の結果、家康に北条氏の遺領が与えられることになったのである。俗に「関八州」といわれるので、関東八か国と思っている人も多いようであるが、常陸には佐竹氏、安房には里見氏がいて、完全に「関八州」というわけではない。しかし、「関八州」のほとんどであり、伊豆も含まれるので、それまでの駿河・遠江・三河・甲斐・信濃の五か国にくらべれば栄転であることにちがいはない。

　ただ、家康の思いは複雑だったろう。せっかく五か国支配が順調にすべりだし、また、何年もかけて築いた駿府城がやっと完成したばかりであった。領地も城もおいて、全くの新天地である関東への移封ということで気が重かったのではないかと思われる。しかし、力の差がはっきりしている秀吉の命令を拒むわけにもいかず、秀吉の勧める江戸に新しい城と城下町を作ることにしたのである。

　この江戸の町立て、すなわち都市計画に初代茶屋四郎次郎清延が一枚かんでいたことはあまり知られていない。主には町方の町割《まちわり》（区画割り）であるが、家康としても、武士に町方の町割をやらせるよりは、町方のことは商人の方がいろいろな事情に精通していると考えたものと思われる。

家康の関東移封とあわせ、清延の身辺に変化がみられたことの一つとして、清延が近江の代官に任命されたということがある。たとえば、『由緒抜書』には天正十八年（一五九〇）のこととして、つぎのようにみえる。

> 四郎次郎清延江江州御代官仰せ付けられ、守山御馬飼領支配仕つり、暫く相勤め奉り候処、御側近き御奉公相勤めたき段申し上げ候に付、右頭役小野惣左衛門江仰せ付けられ、右御領の内より清延江御切米二百石下し置かれ、之に依って大津御蔵ニ而頂戴仕り来り候。

つまり、清延を近江守山の代官に取り立てていたが、清延が家康への近仕を望んだために、代わりに小野惣左衛門が後任にあたることになったというのである。

もっとも、清延が代官に任ぜられたという記載は他には見受けられず、由緒書の多くには代官を辞退したと書かれているだけなので、これが代官職を辞任したものなのか、あるいは就任を辞退したものなのか今一つはっきりしない。

ただ、清延に与えられた家康自筆の皆済状《かいさいじょう》（中村孝也編『徳川家康文書の研究』中巻）として、

皆済事

右天正拾六年二月廿六日以後、文禄三年十二月まて、かんせう皆済也、

文禄四未

二月廿四日　　四郎次郎

というものが残されているが、これは茶屋家の由緒書の一つ『呉服師由緒書』に、

惣じて上方筋御用の分は、呉服御用に限らず、諸事の御用仰せ付けられ候に付、権現様御自筆の御皆済御書頂戴仕り、今に所持仕り候。

と記されているものに相違ない。中村孝也氏は清延が家康の知行地の年貢の取り立て事務を行っていたものとみており、また、辻善之助氏も『増訂海外交通史話』の中で、どこかで代官を勤めていた形跡があると推定されている。とすると、清延が近江の代官であったと言うこともできるかもしれないが、「諸事の御用」の内容が明白ではない上に、中田易直氏がすでに「茶屋四郎次郎由緒考」の中で指摘されているようにこれを年貢皆済状（年貢がすべて納入されたことを示す文書）といった意味で受け止めてよいものかどうか問題が残る。そのため、清延が代官職を辞退したことは確かであるにしても、一概に就任していたとは言いきれないのではないかと思われる。

代官職を辞任あるいは辞退したものの、清延には『由緒書』にあるように、褒美として京都の小川通出水と江戸の本町《ほんちょう》二丁目に屋敷地が与えられている。その後は、従来からそうであったように家康に近仕して、家康の耳や目として働いているのである。

二代茶屋四郎次郎清忠

さて、その初代茶屋四郎次郎清延であるが、不思議なことに、史料によって死没の年次がまちまちなのである。各種由緒書や系図によれば、慶長元年（一五九六）に没したとされているが、『家譜』では慶長十一年（一六〇六）に病死したことになっている。この十年の間に関ヶ原の戦いがあり、茶屋家が関ヶ原の戦いでも活躍したことはよく知られている。つまり、清延の死没の年次によって、関ヶ原の戦いで活躍したのは清延なのか、そうではないのかといった問題が浮上してくるのである。

そのこともあって、江戸幕府編纂の史書類にも混乱がみられる。たとえば、『朝野旧聞裒藁』は慶長元年死没説はとっていない。それは同書に、

京都ノ市人亀屋永仁、丹波笹《篠》山ノ米商人茶屋新四郎来賀ス。神祖、商客・職工・猿楽等ヲ召シ京洛ノ風俗行状ヲ問ヒ給ヒ、永仁・新四郎共ニ洛中盗賊多クシテ士女恐懼スト訴

フ。是ニ因テ奥平《おくだいら》美作守《みまさかのかみ》信昌《のぶまさ》京都所司代ノ仮宦ニ命セラレ、京都ノ商客中島清延、後藤光次、亀屋栄仁ニ京都市中ヲ制セシメ給フ。

と記されていることによって明らかである。

これは、関ヶ原の戦い後、家康が、清延の三男茶屋新四郎長吉らの報告によって、京都所司代を設置することになったいきさつが記された部分であるが、ここに引用した最後のところにみえるように、「京都ノ商客中島清延」らが上方町人を支配することになったと記している。つまり、『朝野旧聞裒藁』の編者は、清延の死没を慶長元年とはしないで、少なくとも同五年、関ヶ原合戦後までは存命したと解釈していたことがわかる。

ただ問題は、『由緒書』に清延が「慶長元年迄相勤候」とあるのをどう考えたらよいかである。しかも同書には、慶長五年段階で上方支配の役目を仰せつかっていたのは、清延の嫡男清忠であったことが記されているのである。すなわち、

……四郎次郎清忠、惣じて上方町人共御礼の支配仕り候様ニと上意ニ付、今に、京・大坂・堺・奈良・伏見・淀川において、過書《かしょ》毎年御年礼申し上げ候故、御暇仕り候節、支配仕り候。

とあり、さらに、

……御上洛の砌、惣じて町方御用達共残らず、ならびに雑色《ぞうしき》共御目見仕り候砌、支配仕り候ニ付、御所司代御上京の節、町方残らず、ならびに雑色共御礼の儀、支配仕り候。ならびに京都町方元締としての惣町頭役仰せ付けられ暫く相勤め候。

と記されているように、上方五か所町人の御礼の支配、京都町方元締として惣町頭役を仰せ付けられていたことがわかる。

これらのことを総合して考えると、初代茶屋四郎次郎清延の死は慶長元年とみるべきではないだろうか。そうなると、関ヶ原の合戦のとき活躍したのは二代目の茶屋四郎次郎清忠だったということになる。

茶屋家は呉服商であるが、武具類も商っていた。当然、家康にかかわる合戦に際し、それまでも軍需品の調達・輸送に携わっており、慶長五年（一六〇〇）六月十八日に家康が伏見城を発して会津上杉攻めに参陣していく前から、清忠が東軍の軍需品の調達・輸送に深くかかわっていたことはいうまでもない。

関ヶ原の戦いの場合、どうしても東軍と西軍といういい方になるため、西日本に属する京都・大坂・堺・さらには博多の商人たちがこぞって西軍支援にまわっていたと考えてしまいがちである。しかし、実際は必ずしもそうではなかった。

特に京都の豪商たちは積極的に家康のために働いているといった印象をうける。これはやはり、家康に早くから接近していた茶屋四郎次郎清延や亀屋栄仁らの働きがあったからであろう。彼ら商人たちにしてみれば、家康と石田三成を比較し、どちらが成長株かを商人らしい感覚で、そのみきわめを行っていたのである。

もっとも、大坂城の膝元の大坂および堺の商人たちの心境はやや複雑だったと思われる。堺の商人出身の小西行長《こにしゆきなが》が西軍の主力の一人に数えられていたということもあり、小西グループははっきり西軍を支持していたし、堺のそのころの実力者の一人津田宗及の子津田宗凡《そうぼん》も西軍支持派であった。

堺は三成が一時期、堺の代官をつとめていたこともあって、どうしても三成に親近感をもち、全体としては西軍色が濃厚であったが、堺のもう一人の実力者今井宗久の子今井宗薫《そうくん》は家康に接近していた。つまり、大坂・堺の商人は東軍支持派と西軍支持派に割れていたことになる。

その点、京都は、茶屋四郎次郎の存在によって、全体として東軍支持でまとまる形となっており、これは家康にとって何ものにもかえがたいことがらだったのであろう。だからこそ、関ヶ原の戦いで勝利した翌年、前述したように、清忠に「上方五市町人支配」と「京都惣町頭役」という二つの大役を与えたものと思われる。

「上方五市町人支配」というのは、上方五市、すなわち、京都・大坂・奈良・伏見・堺で営業している町人の束《たば》ね役である。この五か所の町の主だった商人を率いて江戸参賀を行ったり、家康が上洛したときの御礼などを指図する役である。また、「京都惣町頭役」は、文字通り、京都のすべての町の頭役で、京都町方の庶務を統轄する重要な役職であった。

ところが、この二代茶屋四郎次郎清忠は慶長八年（一六〇三）四月に没してしまったのである。清忠にはまだ子どもがなく、茶屋家の断絶を心配した家康のお声がかりで、他家に養子に出ていた清忠の弟を茶屋家にもどし、あとをつがせることになった。これが三代茶屋四郎次郎清次である。

三代茶屋四郎次郎清次

清次が養子に出されていた先というのは長谷川左兵衛《きひょうえ》藤広《ふじひろ》であった。長谷川藤広は家康の家臣で長崎奉行にもなっているれっきとした武士である。商人の子が武士の家の養子になっていたわけで、このころは、武士と商人の壁はあまりなかったことがわかる。武士から商人に転身した人も多く、もちろんその逆もあり、武士と商人の間で、養子に出したり、もらったりというのはよくある話で、また、通婚も頻繁に行われていた。

そして、清次が長谷川藤広の養子だった事実が、その後、茶屋家の職域を広げる役割を果たしているのである。清次は、それまでの京都―江戸を中心にした活動に加え、慶長十二年（一六〇七）からは、長崎をも活動圏にしていた。具体的には、自らたびたび長崎に出張し、かつて養父だった長谷川藤広と協力して、長崎貿易の統制や管理に手を伸ばしているのである。

ところで、清次が三代茶屋四郎次郎を襲名した慶長八年という年は、周知のように、家康が征夷大将軍に任命された年でもあった。そのころ、まだ大坂城には豊臣秀頼がおり、形の上では家康は「天下の家老」にすぎなかったが、実力にものをいわせ、将軍となり江戸幕府を開いたのである。実は、そのことが茶屋家のその後に大きな意味をもったものと思われる。というのは、それまで茶屋家はあくまで徳川家の呉服御用達《ごようたし》にすぎなかったのが、今度は改めて、幕府の呉服御用達をつとめることになったからである。

幕府の呉服御用達になったことで、清次の経済的地位は急速に向上していった。とにかく、将軍から諸大名に恩賜品として呉服類が与えられることが多く、その品を清次が独占的にあつらえ、納入していたからである。

もっとも、それだけであれば、清次は幕府の御用商人であり、政商的な豪商にとどまる。ところが、家康は、初代清延と同じように、この三代清次にも特殊な任務を与えていたのである。それが諜報活動であった。

前述した通り、茶屋家の『由緒書』に「上方筋に於て聞き込み候儀もこれ有り候わば、速やかに言上仕るべし」とあるように、京・大坂周辺での諜報活動が義務づけられていたのである。清延の時代は秀吉の動き、清忠の時代は秀頼の動き、というように対象はちがっているが、家康としても常に豊臣方の動きは気になるところで、表向きは京都の呉服商として幕府御用達にしておきながら、裏で、前にふれたような「家康情報局京都駐在所長」の仕事もさせていたことになる。

茶屋は京都が本店だが、各地に支店があり、それぞれの店にはかなりの店員がいた。そのころの店員は、店でお客がくるのを待っているだけではなく、反物を背負って行商して歩いているわけで、行く先々でいろいろな情報を耳にすることになる。つまり、行商して歩く茶屋の店員は、一人ひとりが情報部員というわけである。

こうして、網の目のようにはりめぐらされた情報網に引っかかってきた情報が清次のもとに集められ、清次から家康へ報告されていった。いいかえれば、こうした特殊任務の見返りが、先に述べた「上方五市町人支配」「京都惣町頭役」という特権であり、また、幕府の呉服御用達という特権だったとみることができる。

では、家康のまわりに何人も御用商人がいる中で、家康はなぜ茶屋家に「家康情報局京都駐在所長」を命じたのだろうか。以下、考えられる理由を思いつくままにあげてみよう。

一つは、初代清延が、例の「神君伊賀越えの危難」を救ったことである。このとき、家康は清延の用意した銀子と、その銀子を握らせるという行為によって命拾いをしている。そのことは家康が一番強く感じていたはずで、こうした人間的なつながりが大きかったものと思われる。

そして二つ目としては、茶屋家の財力と、その財力によって形成された人脈の豊富さだったのではなかろうか。茶屋家では、豪商として儲けた金銀を惜しげもなく人脈づくりに投資していた。当時、経済的に逼迫していた公家たちに金品を贈り、情報源にしていたし、清次のときには、さらに、大坂の陣が近くなった段階で、大坂方の人間に対しても金品を贈り、情報を得るためのルートづくりが行われた可能性がある。

また、これは特に初代清延に顕著であるが、「武士の血」というものも関係していたものと思われる。すでに述べたように、三方ヶ原の戦いに自ら参戦していたし、天正十二年（一五八四）の小牧・長久手の戦いのときには、清延自身、馬に乗って出陣し、秀吉軍と渡り合い、敵の将を一人倒したという武勇譚も伝えられているほどである。御用商人であるとともに家臣としても自らを位置づけていた点、家康も評価していたのではなかろうか。

こうした理由が重なって、家康から優遇されることになったわけであるが、清次の代には、それにもう一つ貿易家、そして、外交顧問としての顔がつけ加わる。

家康は、慶長十年（一六〇五）、突然、将軍職を子の秀忠に譲って大御所《おおごしょ》となった。つまり、大御所家康の誕生ということになる。ただ、一言付け加えておけば、大御所というのは家康の〝専売特許〟というわけではない。将軍職を退いた人のことを皆、大御所とよんだのである。しかし、ふつうの大御所は、そのまま文字通りの隠居で、政治上のことに口出しをしないので、大御所は名のみとなっていた。それに対し、家康の場合は、むしろ、大御所になってからの方が政治面での活躍が顕著なため、今日、大御所といえばイコール家康という形になってしまっているのである。

ふつうに考えれば、苦労に苦労を重ねてやっとつかんだ将軍の座である。そのまま死ぬまで将軍の座にしがみついていたいと考えるところであろう。家康は、たった二年でそれを子の秀忠に譲っているが、そこには家康なりの計算しつくされた深謀遠慮があった。その深謀遠慮にあたり、清次が届けた上方情報が大いに役立った可能性は高い。

先に述べたように、大坂城の秀頼とその母淀殿、およびその取りまきは、家康のことをあくまで「天下の家老」としてしかみていなかった。家康が将軍になったのも、「秀頼君《ぎみ》が成人し関白になるまでのつなぎ」と、比較的冷静にみていたのである。関ヶ原の戦いでは東軍についた福島正則《ふくしままさのり》や加藤清正《かとうきよまさ》ら豊臣恩顧の大名たちも同じだったとみてよい。

家康はそうした空気に対し、「将軍職は徳川家が世襲する。政権はもう豊臣家にはもどさない」というきっぱりとした意思表示をしたことになる。

そして、慶長十二年（一六〇七）、家康は大御所としての居城を駿府に定め、駿府政権という形で全国支配に乗り出しているのである。その駿府政権が外国との交易を重要視していたこともあって、商人茶屋四郎次郎清次が家康の外交顧問の一人として重責を担うことになった。

そこで、つぎに、清次が家康の外交顧問的参謀としてどのような働きをしたかをみていくことになるが、清次が、そのころの貿易方式の一つである糸割符《いとわっぷ》制度に深くかかわっていたので、まず、そのあたりからみていくことにしたい。

糸割符制度と長崎貿易

糸割符という場合の糸とは白糸《しらいと》、すなわち中国産の生糸《きいと》である。そのころの貿易品の中ではこの中国産生糸が群を抜いて多く、交易品中の目玉商品でもあった。当時、日本には中国から大量の白糸が輸入されていたのである。

ところが、それまで順調に進んでいた交易に異変がおこった。慶長六年（一六〇一）、マカオからのポルトガル商船が長崎に入港したとき、おそらく、前の年の関ヶ原の戦いが関係していたものであろう、白糸を購入しようとする者が一人も出ないという事態になった。しかも、その翌年も売れなかったという。

そのとき、ポルトガル船の船長は、長崎奉行を通して、家康に「何とか善処してほしい」と要望している。家康も事態を重く受け止め、「このまま売れずに船が帰るようなことになれば、来年からは船が来なくなるのではないか」と心配し、慶長八年（一六〇三）、長崎・堺・京都の主だった商人に、共同して白糸を買い取るよう命令したのである。

ところが、翌九年、またポルトガル商船が大量の白糸をもって来たため、価格が低落し、前年、家康の命令で白糸を買い取らされた商人は大損をしてしまった。このとき、二度とそのようなことが起きないようはかられたのが糸割符制度である。つまり、長崎・堺・京都の主だった商人が糸割符仲間という、いまでいう組合を作り、輸入生糸を一括買入れする方法を採用したということになる。しかも、それは、外国船の利益独占を排除するためだけではなく、国内の特権商人を育成する役割を果たしたのである。その後、糸割符仲間は、江戸・大坂の商人が加わり、五か所となっているが、この糸割符制度の導入に主体的に動いたのが京都の茶屋四郎次郎清次であったとされている。

糸割符制度が創設された時期は、『糸割符由緒書』の「御奉書」に、

> 黒船着岸の時、定置年寄共、糸のねい（値）たさゞる以前、諸商人長崎江入るべからず候。糸の直（値）相定め候上は、万《よろず》望み次第に商売致すべき者也。
>
> 慶長九辰年五月三日
>
> 本多上野介（正純）　在判
>
> 板倉伊賀守（勝重）　在判

とあることから慶長九年（一六〇四）のことであることが明らかであるが、多くの長崎の地誌類にはこの年、茶屋四郎次郎を含む呉服師六軒に生糸六〇丸が配分されたことが記されている。ちなみに呉服師六軒とは、後藤縫殿介《ぬいのすけ》、亀屋栄仁、上柳、三島屋、本家の茶屋四郎次郎、それに尾州茶屋家の茶屋新四郎のことである。さらに、由緒書にも清次が糸割符仲間を結成させたと記されていることから、永積洋子氏も「糸割符商人の性格」（『史学雑誌』六六

巻一号）で述べられているように、茶屋家が成立期の糸割符制度に深く関与していたものと考えられてきたのである。

しかし、中田易直氏は、従来その論拠になっていたともいえる長崎の地誌類の記述を追究し、記事の信憑性《しんぴょうせい》を疑っている（『近世対外関係史の研究』）。さらに、茶屋家側の記録に関しても、糸割符の記事が寛政期以降の由緒書にみられるだけで、比較的古い元禄期以前の由緒書には全くみられないことからも、清次が成立期の糸割符制度に関与していたことについては由緒書の作為であると主張する（「茶屋四郎次郎由緒考」『歴史地理』八七―一・二）。ただ、このように記された理由として、後年茶屋家が糸割符について何らかの特権を主張する必要にせまられたためではないかと推測されているが、卓見だといえよう。

清次は、慶長十二年（一六〇七）から同十九年（一六一四）まで長崎に下向しているが、これは『茶屋宗古由緒書上』に、

八ヶ年之間毎年御下し成され、長崎筋商之儀仰せ付けられ候。尤其砌京都において御物の糸類など毎度支配仰せ付けらる事。

とあることから、家康の命によって「御物の糸」を購入するためであったと考えられる。「御物の糸」とは、将軍糸ともエンペラーズ・シルクともいわれているが、要するに幕府の

買い上げた白糸のことである。家康は将軍糸の購入には極めて積極的であり、幕府を開くとすぐに白糸一〇〇〇丸を買い上げたといわれている。そして、それは「何事も駿府より下知し給」(『当代記』)とあるように、すべて家康の指示によるものであった。

白糸は、家康が必要とするものであったと同時に、呉服師を本業とする茶屋家にとっても欠かせない原料でもある。清次は、家康のために生糸を購入すると同時に、その見返りとして、必要な分を廉価に仕入れていたのではないだろうか。さらに、慶長十七年からは、清次自身が朱印船貿易に携わり、直接、仕入れることも可能であった。とすると、なおさら、茶屋家が成立期の糸割符制度に関与しなければならない理由は見あたらない。

中田易直氏の『近世対外関係史の研究』によれば、茶屋家を含む呉服師六軒が糸割符制度に組み込まれるのは寛永八年(一六三一)に糸割符制度が改正された時からであるという。その理由として、幕府の貿易管理・統制政策の一連の動きの中で呉服師六軒に対しても白糸を無制限に元値で購入させるわけにはいかなくなったためであるとされている。

尾州茶屋家の『尾州中島古記録』には、

長崎において糸割賦取り来り候儀は、私共先祖恐れながら権現様御奉公仕り候ニ付き、京住の者故御呉服類ニ限らず京都諸色御用仰せ付けなされ相勤め奉り候。台徳院(秀忠)様御代寛永年中の頃、糸割賦始五ヶ所町人并私共先祖頂戴仕り来り候。

　糸割賦

一、百丸　京都町人

一、百弐拾丸　堺町人

一、百丸　江戸町人

一、五拾丸　大坂町人

一、百丸　長崎町人

　　　　後藤　茶屋

一、六拾丸　亀屋　三島

　　　　上柳　茶屋

　右御割方の通り唐人江元代銀払買取増銀《ましがね》下し置かれ候御事。

と記されている。生糸が一括して購入されたあと、幕府による買い上げ分を除き、京都一〇〇、堺一二〇、江戸一〇〇、大坂五〇、長崎一〇〇、呉服師六軒にそれぞれ六〇という割方（比率）で配分されていたことになる。そして、各都市に配分された生糸は、糸割賦仲間に属する商人に対し、持ち株の比率に応じてさらに配分されていた。

ここにみえている茶屋二軒は、本家の茶屋四郎次郎と尾州茶屋家の茶屋新四郎のことである。すなわち、この茶屋二軒と、後藤縫殿介、亀屋栄仁、上柳、三島屋を合わせた呉服師六軒には、優先的に六〇の割方で分配されることになっていたことが分かる。ただし、「唐人江元代銀払買取増銀下し置かれ候」とあることから、生糸がそのまま配分されたのではなく、糸割符増銀すなわち白糸を売却した際の利潤を配分されていたのではなかろうか。

なお、長崎において茶屋家が関与していたのは生糸の購入だけではなく、清次がその他、鉛や火薬などの軍需品の買い上げにも携わっていたことも忘れてはならない。慶長十九年（一六一四）、大坂冬の陣に際して、長崎奉行長谷川左兵衛藤広は、オランダから購入した大砲の到着が近いことを家康に報告している（『徳川実紀』）。この大砲が大坂城の攻撃に使われたものであることは間違いあるまい。難攻不落と謳われた大坂城を攻撃するには大砲しかないと判断した家康は、国産の大砲よりも飛距離のある大砲を輸入しようとしていたのである。

清次はこの長谷川左兵衛藤広とその弟忠兵衛藤継《ふじつぐ》とともに戦陣に加わっているが、両者とは、『茶屋四郎次郎事書』に、

長崎面へ長谷川左兵衛御預ケ成され、何とそ身躰続き候様ニと仰せ付けなされ、則弟忠兵衛と同前ニ相勤め候御事。

とあるように幕府の長崎貿易に関して同様に働いていたのであるから、この大砲の購入に清次も関与していたと考えるのが妥当であろう。

なお、弾丸に使われる鉛は、当初はポルトガル商人を通じて購入されていたようであるが（岡田章雄『日欧交渉と南蛮貿易』）、大坂の陣の直前にはイギリスなどから買い占めていた。ウィリアム・イートンからリチャード・ウィッカムへの書（『慶元イギリス書翰』）には、家康が相場より高値で鉛を購入するという情報により、大坂から江戸に全ての鉛を送る旨が述べられているのである。

以上みてきたように長崎における清次は、幕府の意向によって白糸や軍需品の購入に携わっていたことが明らかとなったが、その役割は貿易だけに限定されていたわけではなかったものらしい。「茶屋文書」には、

間宮権左御下の事ニ候間、一書申し候、随而、当春其元へ指越候きりしたんの分、一人も残らず何人成共参り候様ニと義〔の脱か〕ニ候。其御心得有るべく候、将亦《はたまた》、其元何事之《これ》無く商売事候哉、折角精を入れ申さるべく候。爰許も相替義之無く候間、御心安かるべく候。尚追而申すべく候。恐々謹言。

板伊賀

勝重（花押）

（慶長十九年）八月十三日

長谷川兵殿

中又四郎殿

御報

とある。これは板倉勝重から長谷川忠兵衛藤継と中島又四郎すなわち茶屋清次宛の書翰であるが、長崎貿易を奨励されるとともに、キリシタンの取り締まりにも一役買っていたことがわかる。これらはすべて家康の意向に従ったものであり、『当代記』に、

長崎より長谷川忠兵衛、茶屋又四郎清次来、南蛮・唐人商船来朝の由云々、吉利支丹《キリシタン》追放の儀御尋ねなさると云々。

とあるように、その動向を逐一家康に報告していたようである。

その他、『茶屋四郎次郎事書』には「南蛮人御礼の義取次仕」としているが、具体的な活動までは記されていない。この点、リチャード・コックスの日記（『イギリス商館長の日記』）一六一八年（元和四）十月十二日の条には、清次がイギリス商館と家光との間に入って、家光とコックスとの謁見を仲介したことがみえており、さらに同月二十八日の条には、皇帝買物掛チャウノ・シュロジェロー（茶屋四郎次郎）殿が私に、彼が江戸へ帰省した旨の手紙を一通寄

越した。そして私は彼に返事を送って我々の船を長崎へ入港させることを許す皇帝のゴション《(御朱印)》を我々のために入手できるよう彼の友誼を願った。

と記されているように、コックスは清次に書状を送って、秀忠から長崎港入港を許可する朱印状を得られるようにその斡旋を要請している。また、翌十一月十二日の条には、先年すなわち一六一七年に、ウィリアム・アダムスがイギリス商館に下付された朱印状を、肥前平戸藩主松浦《まつら》隆信《たかのぶ》の重臣佐川信利《のぶとし》に譲渡したことが露見したことに関して、

私は、私のゴションを売却した件に就き言い触らされている噂のことでチャウノ・ショジエロー《(茶屋四郎次郎)》殿のところへ赴いた。すると彼は私に、セミ《(主馬)》殿のジャンク船の船長が上の方へやって来て、セミ殿が彼に私のゴションを三貫目で売ったと証言しており、そのため本件が皇帝の面前で問題にされようものなら、数人の人々がその生命を賭けることとなりかねない、と語った。しかも、彼《(清次)》も彼としては総べてを善いほうに導くため最善の努力をするつもりでおり、そして私《(コックス)》はもう二ないし三日当地に滞在して総べての事態が落着するのを見るほうが良く、何故ならもし私が立去ってしまうと、何事も仕遂げられまいからであると述べた。

とある。つまり、事件が将軍の知るところとなれば処刑されることも有り得るので、そうな

る前にコックスは清次に解決を依頼しているのである。この件に関してはその後、表面化した形跡がないことから考えると、清次が穏便に処理したであろうことが推察される。こうしたことから判断する限りにおいては、清次は南蛮人とはいっても特にイギリス人と幕府との取次ぎを行っていたのではないかと思われる。

さらに清次は、大名と幕府との取次ぎも請け負っていたらしい。たとえば、肥前日之江《ひのえ》藩主有馬直純《ありまなおずみ》の書状（『大日本史料』第十二編之四六）には、

御状拝見仕り候、仍而、御帷子《かたびら》三ツ、内単物一、御意に懸けられ候。御懇意之儀共、更々御礼申し得ず候。先書ニも申し候ごとく、爰元在所柄・城一段能く御座候て満足仕る事候。駿府において御前御次而御座候ハヽ、忝《かたじけな》き由然るべき様ニ御取合仰す所に候、恐惶謹言。

有馬左衛門佐

直純（花押）

（慶長十九年）
八月十四日

中四郎二様

御報

とあって、有馬直純が清次に家康への取次ぎを依頼していることがうかがわれる。

三代四郎次郎清次は、公儀御用達の呉服師でありながら、家康・秀忠二代に近仕する一方で、キリシタンの動静を探り、幕府と諸大名やイギリス商館との内使をつとめている。さらには『徳川実紀』慶長十九年（一六一四）八月二十四日条には、「官商茶屋四郎次郎駿府にのぼり……」と、「官商」という表現が使われているように、長崎貿易に従事する「官商」でもあったのである。家康の遺産の中に多くの輸入品が含まれていたことから推測するならば、清次が幕府の財政を潤すのに一役買っていたとみて間違いあるまい。また、清次自身も幕府から異国渡海朱印状を下付されており、その朱印船貿易による収益は莫大なものになっていたものと思われる。そこでつぎに具体的に朱印船貿易と茶屋四郎次郎とのかかわりについてみていくわけであるが、その前に、そもそも、朱印船貿易とはどのようなものだったのか、研究史の整理も兼ね、章を改めてくわしくみておきたい。

第二章　朱印船貿易とは

朱印船貿易研究の到達点

朱印船貿易そのものについては、明治のはじめから研究が進められてきたが、これを体系的にまとめたのは川島元次郎氏であった。同氏は大阪朝日新聞社が明治四十三年（一九一〇）に「徳川初期の海外貿易家」と題して募集した一万号記念懸賞論文に応募入選し、これは大正五年（一九一六）になって同社から出版された。この論文では貿易の構造と貿易家九人の系譜が考察されていたが、その後の研究成果と合わせて大正十年（一九二一）に『朱印船貿易史』の名で刊行された。この中で川島氏は、まず第一編で勘合貿易から朱印船制度創設に至るまでの概略を述べ、さらに朱印状・朱印船主・朱印船の構造・航路及航海術・朱印船渡航地考・輸出入品・鎖国などの計十二章にわけて朱印船貿易の形態について論述されている。第二編では列伝と称し、茶屋四郎次郎も含め計二〇章合わせて二十人の朱印船貿易家の系譜にまで言及されているが、このような貿易家個々の研究は本邦初ではなかったかと思われる。

その後、黒羽兵治郎氏の「朱印船制度創設の意義」(『経済史研究』二十七巻四号)、杉山省三氏の「御朱印船貿易考」(『商業組合』八巻四号)、藤田元春氏の「御朱印船」(『財政』七巻三号)などの研究が発表されているが、学術的に集大成されたのは何といっても昭和三十三年(一九五八)に刊行された岩生成一《いわおせいいち》氏の『朱印船貿易史の研究』であろう。川島元次郎氏が国内の未刊の古文書・古記録を駆使して研究成果をあげられたのとは対照的に岩生成一氏は、オランダのハーグ国立公文書館などの海外史料を精力的に収集・調査されている。その研究は、朱印状の形式とその下付数、朱印船の構造・渡航地、およびその航海といった物的要素、あるいは朱印船貿易家、朱印船の船長・航海士・客商・乗組員などの人的要素だけでなく、貿易品や投資形態、渡航地での貿易法にいたるまでおよそ朱印船貿易全般にわたっている。

そのために『朱印船貿易史の研究』は朱印船貿易史研究における金字塔とされているのであるが、ただ朱印船制度創設の時期をめぐっては中田易直氏が「朱印船制度創設に関する諸問題」(『中央大学史学科紀要』第十四・十六巻)と題して批判されているように不十分な部分もあったことは否めない。岩生成一氏は、その後に発表された「朱印船貿易に関する補足的史料」(『日本歴史』一六一号)を加えて論を補い、昭和六十年には『新版朱印船貿易史の研究』として刊行されているが、論旨そのものには変更を加えられてはいない。

朱印船制度が創設され、海外に渡航する船舶に朱印状を携帯させるようになったのは倭寇《わこう》の取り締まりを強化するためであったといわれている。室町幕府における勘合貿易《かんごうぼうえき》は応永十年（永楽元・一四〇三）に足利義満が明から日本国王の冊封を受けて宗属関係が成立した翌年から始まったが、天文十六年（一五四七）に遣明使策彦周良《さくげんしゅうりょう》の渡航を最後に途絶すると国家間の正式な通交に代わって倭寇が台頭してくるようになった。もっとも倭寇とはいうものの、田中健夫氏の『倭寇と勘合貿易』によると、室町後期における倭寇は明人七〇パーセントに対して日本人は三〇パーセントであったといわれており、中核をなしていたのは中国人であったということができる。これら倭寇は明や朝鮮の沿岸を襲って海賊行為・略奪行為を行っていたため、日本は明や朝鮮から再三再四取り締まりを求められてきたが、弱体化した室町幕府にはできようはずもなく、それが可能になったのは豊臣秀吉が統一政権を築く段階になってからのことである。

秀吉は文禄・慶長の役、すなわち朝鮮でいうところの壬辰《イムジン》・丁酉《チョンユ》の倭乱に代表されるように強硬な外交で知られている。このために関白として明から日本国王とみなされていたにもかかわらず、冊封を受けてはいない。当時のアジア地域においては明に朝貢《ちょうこう》するという形でしか貿易は成立しえなかったから、海賊船の取り締まりを強化して渡唐船《ととうせん》とよばれる私貿易船を保護するか、もしくは外国船の来航を促進させる他なかったのである。

具体的には『長崎実録大成』に「異国渡海御免ノ事」として、

一、文禄ノ初年ヨリ長崎、京都、堺ノ者御朱印ヲ頂戴シテ、広南、東京、占城、柬埔寨、六昆、太泥、暹羅、台湾、呂宋、阿媽港等ニ商売として渡海スル事御免之《これ》有り。

　長崎ヨリ五艘

末次平蔵　二艘　船本弥平次 一艘

荒木宗太郎　一艘　絲屋随右衛門一艘

　京都ヨリ三艘

茶屋四郎次郎一艘　角倉　一艘

伏見屋　一艘

　堺ヨリ一艘

伊予屋　一艘

　以上

とあり、文禄のはじめに秀吉から朱印状を交付された茶屋四郎次郎を含む八人が東南アジアへの渡航を許可されたことが記されている。その他、前述岩生成一氏の『新版朱印船貿易史の研究』によると、『長崎根元記』『長崎縁起略記』等の長崎関係の地誌類には、「いずれもこれと大同小異の伝聞を記し、秀吉が文禄初年に海外渡航船に朱印状を発給したことを伝えている」ことから、朱印船制度の創設が秀吉によるものであると考えられてきたのである。

これに異を唱えたのは中田易直氏であった。その著『近世対外関係史の研究』において、その約二〇種の長崎地誌類の「小異」を緻密に分析された上で、朱印船制度の創設の時期については、元亀元年（一五七〇）・文禄元年（一五九二）・文禄三年（一五九四）・文禄の頃・慶長六年（一六〇一）といったように五種類の記述があり、これら八人による九艘の渡航時期については、文禄元年・慶長六年あるいは慶長六年以降・元和八年（一六二二）あるいは元和年間・寛永期あるいは寛永十一年（一六三四）・文禄元年から寛永十一年にかけてというようにこれも五種類の記述のあることを指摘されているのである。これによって川島元次郎氏が前掲書で、「文禄元年朱印船制度創設に就きては根本史料を欠くと雖も、諸書の一致するところにして」批判をされなかったこれら史料の信憑性を疑われたのである。箭内《やない》健次《けんじ》氏が、「朱印船制度創設記事の一考察」（『史淵』九三輯）で、文禄初年に地誌類にみえるような朱印状が交付された点については全く明らかでないとされ、岡田章雄氏も、「朱印船と海外貿易」（『船　ものと人間の文化史』）で、仮に事実であったとしても渡航先で十分な効果を発揮したとは考えられないと述べられているのも全くこの点によるものである。たしかに、岩生説の根拠となった『長崎実録大成』は、はるかのち、明和年間（一七六四〜七二）に撰述されたものであり、史料としての信憑性が低いことは指摘されよう。

実際、秀吉が下付した朱印状の実物は残されておらず、それを証するだけの一次史料もないのであれば、秀吉によって朱印船制度が創設されたとは認めがたい。だが、岩生成一氏は著書の中でそれを傍証する史料として文禄二年（一五九三）にイスパニア（スペイン）統治下にあったルソン（フィリピン）の総督が秀吉に提案した通商条約案のうちの二か条をあげている。すなわち、

日本皇帝（秀吉）は、毎年一回フィリピンに必要な性質と数量の商品を積んだ船を数隻マニラに送ること。

日本皇帝は、友好国間の平和を紊《みだ》すような同国、または他の国の海賊や密貿易船を禁止すべし。そして通商のため渡航したことに全く疑が無いことを、フィリピン当局に証するために、皇帝は、船長に帝の印章と署名がある特許状を与え、その印章と署名とはマニラの長官に提示すべきこと。

とある。秀吉はすでに天正十九年（一五九一）からルソンに対して日本への入貢を促す国書を原田孫七郎に託し、ルソン総督と交渉を開始していたが、当年、総督ゴメス・ペレス・ダス・マリーニャスは日本と通商条約を結ぶため、フランシスコ会の宣教師ペドロ・バプチスタを正使、船長ペドロ・ゴンサレス・デ・カルバハルを副使として、また日本語の通じる宣教師ゴンサレス・ガルシアを日本に派遣した。その際に提出されたのが右に記した条約案で、これによると海賊船および私貿易船と区別するため、渡航を許可した船舶の船長に秀吉の印章と署名のある特許状を下付するように規定されている。この条約は秀吉に受け入れられず、結局締結されはしなかったものとみられているが、このような動きがあったことは見逃すことはできない。

その後、慶長二年（一五九七）に秀吉がルソン総督ドン・フランシスコ・テリョ・デ・グスマンに宛てた書翰（村上直次郎『異国往復書翰集』）にも、

> 商船の其地より来るもの、予が印を押したる免許状を持参せば、海に於ても亦陸に於ても少しも害を加えらるゝことなかるべし。

とあり、ルソンの貿易船に対して秀吉の印を押した免許状を持参すればその航海の安全を保証することを伝えている。これによって岩生成一氏は、相手国との諒解が成立していたことと

は明らかであり、江戸幕府においてみられるように恒常的な制度ではなかったにしても秀吉による朱印船貿易の創始を傍証するものであるとしている。たしかに、貿易船が、秀吉の印を押した「免許状」を携えていたことはうかがわれ、原理としては、これは家康の発行した朱印状と相通ずるものであったことは明らかである。

一方、中田易直氏は、秀吉が下付したという免許状の性格を吟味し、これは来航許可状・来航保護状の類であって朱印船制度そのものとは何の関りもないものだと述べている。元来朱印状とは朱印を押した武家文書の事をさし、徳川家康も領地を安堵したり海外への渡航を許可する際に発給しているものである。中田氏の見解によれば、貿易船に下付された朱印状には二種類あり、一つは異国渡海朱印状であり、もう一つは来航許可状・来航保護状・帰航保護状に分類されるというのである。つまり、異国渡海朱印状を与えられた貿易船だけが朱印船と呼べるものであり、来航許可状・来航保護状・帰航保護状の下付されたイスパニア船は厳密に言うと朱印船ではないことになる。

このことは、江戸幕府の政権下に来航したポルトガル・イスパニア・オランダ・イギリス・中国の各船に来航保護状が下付されていたにもかかわらずその時代、朱印船とは呼ばれていなかったことからも明らかであろう。

以上の点から、秀吉の時代の朱印状はルソン側からの要請によって発給されていたとは考えられるが、あくまでも来航許可状・来航保護状的な性格のものであり、それゆえ、異国渡海朱印状による朱印船制度の創設は後の家康の時代に求めるのが妥当ではないかというのが中田易直氏の主張である。

ただ、秀吉は、側近の西笑承兌《せいしょうじょうたい》に渡航船許可状の下付《かふ》を依頼している事実がある。慶長六年（一六〇一）以降、家康の朱印状の発給担当者がはじめ西笑承兌だったことを考えあわせると、家康の発給した渡航許可証としての朱印状とほぼ同様な朱印状が、すでに秀吉の段階から発給されていたとみることもできる。

これらの点を考えあわせると、制度化したのはたしかに家康の時代であったが、その先鞭をつけたのは秀吉だったということになるのではなかろうか。その点で、北島正元氏が『徳川家康』の中で述べているように、「秀吉のときからその気運のあった朱印船貿易を慶長六年から制度化して、南方との取引き活動を奨励した」といったあたりが折衷的ではあるが最も妥当な線かもしれない。

さて、その家康の時代の朱印船貿易であるが、記録に残されていないためにその創設の時期は明白でないものの、岩生氏がいうように、史料的に確認できる最古の朱印状が慶長七年

（一六〇二）九月十五日付の安南国《アンナム》（ベトナム）宛のものであることからもそれ以前であることには違いない。なお、家康と安南、ルソン両国への往復書翰を見た場合、慶長六年（一六〇一）十月に家康が安南国の阮《グエン》潢《ホアン》に送った書翰（『方策新編』）の中には、

本邦の舟、異日其地に到らば、この書の印を以て証拠となすべし。印無き舟は、これを許すべからず。

という文言があり、同じくルソン総督ドン・フランシスコ・テリョ・デ・グスマンへの答書（『異国所々御書之草案』）の一節にも、

他日本邦の船其の地に到り、則此書押す所の印を以て信を表すべし。印の外は許すべからず焉。

とあり、ともに朱印状を持たない船舶の交易を許可してはならない旨が述べられている。これに対してルソンからは朱印船は毎年六隻にするようにとの条件があったものの朱印船制度をおおむね諒解している。そうしたことから、この安南およびルソンへの返書が出された慶長六年が、江戸幕府の朱印船貿易が制度として確立された時期であると一般的に考えられている。

江戸幕府の朱印船貿易の実際

さて、いま述べたように、江戸幕府の朱印船貿易は異国渡海朱印状が下付された船舶を公許船として海外渡航を認めるものであったが、この朱印状の発給を幕府に要請する際にはまず、将軍の側近に取り次ぎの依頼をしなければならなかった。これはたとえ大名であっても例外ではなく、すでに岩生成一氏が『新版朱印船貿易史の研究』でふれているように、多くの場合その斡旋を老中本多上野介正純や長崎奉行長谷川左兵衛藤広らに依頼していたようである。

ただ、実際に朱印状を作成したのは京都の禅刹の長老で、具体的には西笑承兌、閑室元佶《かんしつげんきつ》、以心崇伝《いしんすうでん》すなわち金地院《こんちいん》崇伝の三人が携わっていた。西笑承兌はすでに秀吉の時代から朝鮮との外交文書を扱っており、家康の開幕後も引き続き対外関係にかかわりをもっていたものである。承兌の死後朱印状の作成にあたったのが閑室元佶であった。閑室元佶はまたの名を三要《さんよう》という。むしろ三要の名前の方が有名かもしれない。足利学校の第九世の庠主《しょうしゅ》、すなわち校長となっており、家康に招かれ、足利学校の分校ともいうべき伏見の円光寺学校を慶長六年（一六〇一）に開いたことでも知られている。ちなみに、慶長五年の関ヶ原合戦の日を占ったのもこの閑室元佶であった。

閑室元佶の死後、これを引き継いだのが以心崇伝で、承兌と元佶の取り扱った朱印状を『異国御朱印帳』として写し、自身の取り扱いの朱印状を『異国渡海御朱印帳』として後世に伝えている。こうして禅僧により作成された朱印状は、将軍の印、すなわち家康の場合には「源家康弘忠恕《みなもとのいえやすちゅうじょをひろむ》」の朱印を押されてはじめて効力が生じたのである。

朱印状を下付された依頼者は、多くの場合筆者の禅僧に対して染筆料と称して金銭あるいは輸入反物などを送っており、以心崇伝の『本光国師日記《ほんこうこくしにっき》』にもその授受がはっきりと記されている。このことから推察する限り、当時、これら染筆料は朱印状作成に対する当然の報酬であったという認識が存在していたように思われる。

ただ、幕府に対してはどのような贈献が行われていたのかを示す史料がないためにそれを明らかにすることはできない。しかし『駿府記』慶長十六年（一六一一）八月二十四日の条に、

長岡《(細川)》越中守忠興象牙・白絹・孔雀・豹等を献ず。暹羅《シャム》国に商船を遣わす故也と云々。

とあり、また同じく『駿府記』慶長十七年（一六一二）八月十八日の条には、

京都角倉与一、紅茶・緋紗綾《ひざや》・沈香・薬種・縮砂《しゅくしゃ》・斑猫《はんみょう》・葛上亭長《かつじょうていちょう》等を献ず。後藤少《(庄)》三郎之を申す。此与市《(一)》は、商船を安南に遣わし、毎年往来と云々。

とあることから、彼らが渡海後にその舶載品の中から贈献したものとみられている。ここで、武士である細川忠興が象牙や豹皮、商人である角倉与一が縮砂（ショウガ科の多年草）・斑猫（ツチハンミョウ）・葛上亭長（マメハンミョウ）といった漢方薬を献上するなど、輸入している品にも違いがあって興味深い。

こうして下付された朱印状には単にその渡航先と発行年月日が記載してあるだけで宛名も有効期限も記されてはいないものの、受け取った本人の一回の航海に限って有効であったといわれている。というのも『異国御朱印帳』・『異国渡海御朱印帳』によると、同一人に対して同一渡航地に発給された朱印状も多く、一回の航海が終われば朱印状を返却し、もしなんらかの事情があって航海が行われなかった場合にも、これを無効として返却されていたからである。

では実際に朱印状がどれだけ発給されていたかというと、岩生成一氏の研究によって、以心崇伝が寛永元年（一六二四）六月十九日に調査し、土井大炊頭《おおいのかみ》利勝に提出したものによると一七九通に達していることが明らかとなっている。しかし、『異国御朱印帳』・『異国渡海御朱印帳』は慶長九年（一六〇四）正月十三日付の茨木屋又左衛門の母に下付された安南国宛の朱印状にはじまり、元和二年（一六一六）九月九日付の摩陸《モルッカ》宛の朱印状で終わっているので、むろんすべてを網羅しているわけではない。岩生成一氏はこの脱漏した部分を『譜牒余録』・『外蕃書翰』・「島井文書」・「末次文書」・『駿府記』・『元和航海記』・『リチャード・コックスの日記』などの古文書・古記録から朱印状下付の記事を追求され、慶長九年（一六〇四）から寛永十二年（一六三五）までの三十二年間に発給された朱印状の総数が三五六通にのぼることを明らかにしているのである。

これが、現在の研究の到達段階ということになるが、そもそも、朱印船の朱印状がどのように出されるかについて、もう一度おさらいしておきたい。

海外に商船を出そうとする商人や大名たちは、幕閣の本多正純、長崎奉行の長谷川藤広、あるいは金座の後藤庄三郎らを通して幕府に朱印状の下付を申し出る。

幕府の許可がおりると、すでに述べたように、はじめは西笑承兌、承兌の死後、閑室元佶、そして閑室元佶の死後は以心崇伝、すなわち金地院崇伝が、許可状を大高檀紙に書き、それに「源家康弘忠恕」の印文をもつ朱印が捺され、それで効力が発揮される段取りである。

たとえば、暹羅、すなわちシャムへ渡航する船の場合、

日本より暹羅に至る商船也。

右、

年次＼渡航地	信州	昆耶宇	高砂	西洋	安南	東京	順化	交趾	迦知安	占城	東埔寨	田弾	暹羅	太泥	摩利伽	呂宋	密西耶	芠萊	摩陸	合計
	隻	隻	隻	隻	隻	隻	隻	隻	隻	隻	隻	隻	隻	隻	隻	隻	隻	隻	隻	隻
慶長 9年(1604)	2			1	4	3	1		1	1	5		4	3		4				29
10年(1605)				8	3	2				1	5			2		4	1	1		27
11年(1606)				1	2	1				1	3	1	4			3	1	1		18
12年(1607)				8	1					1	4	1	4		1	4				24
13年(1608)					1					1	1		1							4
14年(1609)						1		1			1		6			3				12
15年(1610)					1			3			1		3			2				10
16年(1611)					2			3					1			2				8
17年(1612)		1				1		3					2			1				8
18年(1613)						1		6			1		3	2		1				14
19年(1614)						1		7			2		3			4				17
元和元年(1615)			1					5			1		5			5				17
2年(1616)						1		4								1			1	7
小　計	2	1	1	18	14	11	1	32	1	5	24	2	36	7	1	34	2	2	1	195
元和 3年(1617)			2			2		5					1			1				11
4年(1618)			4			3		7			2		1			3				20
5年(1619)						3		1								1				5
6年(1620)			1					5			1					2				9
7年(1621)			3			1		2			1					4				11
8年(1622)			1					1					2			2				6
9年(1623)			3			2		2		1	2		3			1				14
寛永元年(1624)			1			2		2					1			2				8
2年(1625)			3			1					1		2							7
3年(1626)			2										1							3
4年(1627)			2					1			1		2							6
5年(1628)			2			2		2			2		3							11
6年(1629)								1			1		1							3
7年(1630)						1		1					1			2				5
8年(1631)			5			1		1			1		1							9
9年(1632)			3			2		3			4					2				14
10年(1633)			3			3		2			1		1							10
11年(1634)						3		2			2									7
12年(1635)								1			1									2
小　計			35			26		39		1	20		20			20				161
合　計	2	1	36	18	14	37	1	71	1	6	44	2	56	7	1	54	2	2	1	356

朱印船年次別・渡航地別隻数一覧(『国史大辞典』第7巻)

慶長九年甲辰八月廿五日

（朱印）

という簡単な文面となっていた。宛名がないが、これは、この朱印状の持主がすなわち宛名というわけだったのである。こうした朱印状が慶長九年（一六〇四）から寛永十二年（一六三五）まで、三十二年間に三五六通出されたというわけである。

それを、年次別および渡航先別に一覧表にしたのが、前のページの表で示したものである。年次別でみると、慶長九年から同十二年が多く、渡航先別でみると、交趾《コーチ》、暹羅《シャム》、呂宋《ルソン》、柬埔寨《カンボジア》が多いことがわかる。

この時代、貿易商人たちが、朱印状を必要としたのは、一つには、幕府の海外渡航の日本船統制という上からの要求があったこともたしかであるが、同時に、貿易商人たちにとってもそれなりに歓迎されるものだったという点もみておかなければならない。というのは、商人たちが貿易に乗り出していった東南アジア海域は、倭寇の活躍がかなりみられたところで、海賊でないことを証明する渡航許可証としての朱印状が、現地での当局者との交渉をスムーズに進める上で、かなりの意味をもっていたと思われるからである。

この表では、家康が没する元和二年（一六一六）までとその後を分けて示したが、この表でみると、元和二年までに一九五隻もの朱印船が東南アジアへ渡航していったことがわかる。暹羅、すなわちシャムの三十六隻を最高とし、呂宋の三十四隻、交趾の三十二隻、柬埔寨の二十四隻が目立つ。「鎖国」までの間に、実に三五六隻になるわけで、単純に一年間に平均しても、毎年十一隻もの朱印船が出ていった計算になる。

なお、朱印船を派遣した船主というか企業主を調べると、圧倒的に商人と、意外なことに大名が多い。たとえば、シャムへの渡航について『異国御朱印帳』で明らかになる船主は、シャム在住の与右衛門という商人が日之江藩主有馬晴信の仲介によって、慶長九年八月二十六日付の朱印状を得たのを皮きりに、同年閏八月十二日には薩摩藩主島津忠恒《ただつね》（家久）が、さらに同十一年（一六〇七）七月二十一日には堺の商人木屋弥三右衛門、同年八月十一日には長崎の商人惣右衛門、同年八月十五日には有馬晴信、十月八日には今屋宗中が、同十二年五月七日には博多の宗也内の大賀九郎左衛門、同年八月四日には再び木屋弥三右衛門、十月十八日には島津忠恒、十月二十四日には長崎の後藤宗印に、それぞれ朱印状が下付されているのである。

つまり、慶長九年から同十二年にかけての相手国シャムだけをとりあげてみても、島津忠恒・有馬晴信といった大名と、堺・長崎、さらには博多の商人たちが船を仕立てていたことがわかる。これは、シャムだけにかぎらず、このころの他の東南アジア諸地域にも共通する一般的な傾向であった。

シャム以外の地域への船主となった者として目立つのは、京都の茶屋四郎次郎と角倉了以であり、大坂の末吉孫左衛門《すえよしまござえもん》、長崎の末次平蔵《すえつぐへいぞう》らがいた。彼らはいずれも家康とかかわりの深い豪商や代官で、当然といえば当然である。珍しいところでは、家康の側室お夏の方や、大坂天満《てんま》の茨木屋又左衛門の母といった女性が仕立てた船もあった。

ところで、渡航先、渡航年代が不明確な船舶が存在するのもまた事実であり、もとより実際の朱印状の数はこれよりさらに上まわるであろうことは想像に難くない。

朱印状を下付された朱印船の多くが交易のため東南アジアへ渡航していったことは周知の事実であるが、宛先は概してある地方に限定されていたようである。具体的には安南《アンナム》・東《ドン》京《キン》・交趾《コーチ》・順化《トウアンホア》・広南《クアンナム》・迦知安《カチアン》・占城《チャンパ》・暹羅《シャム》・柬埔寨《カンボジア》・太泥《パタニ》・呂宋《ルソン》・摩利伽《マラッカ》・高砂・摩《モルッ》陸《カ》・芠萊《ブルネイ》・毘耶宇《ビヤウ》・密西耶《ミサイヤ》・西洋・信州・田弾の計二十の国と地域であった。

安南は現在のベトナムである。ただし、朱印船時代のベトナム南部にはチャンパ王国があったので、ここでの安南は、ベトナム北部から中部にかけてをその領土としていた安南王国をさす。当時の安南は、形式的には国王黎《レ》氏が統治してはいたが、実権は鄭《チン》氏と阮《グエン》氏という重臣に握られており、それぞれ北部と中部に独自の支配を展開していた。東京は、鄭氏の領域をさし、交趾・順化・広南・迦知安はいずれも阮氏の領域をさしている。朱印船は主に、鄭氏の領域では乂安《ゲアン》、阮氏の領域では會安《ホイアン》に向かった。ちなみに、十九世紀にはこの阮氏の一族が安南を統一して阮朝を開き、王朝は保大《バオダイ》二十年（一九四五）のホー・チ・ミンによるベトナム民主共和国建国まで続いている。

占城は、その安南と境を接し、チャム人を中心に建国されたチャンパ王国である。二～十五世紀ごろにかけて、ベトナム中部を中心に繁栄を続けていたが、安南の南進政策により、朱印船時代には南部へと逐われていた。その後も、安南へ入貢しながら勢力を保ってはいたが、十九世紀の阮朝の時代に完全に滅亡している。香木の産地としても知られ、徳川家康がチャンパ国王に最高級の香木を所望したこともあった。

暹羅《シャム》は現在のタイ王国である。この時代、タイではアユタヤ朝が積極的な貿易振興策をとっていたこともあり、アジアだけでなくヨーロッパからも商船が訪れていた。朱印船は、チャオプラヤ川を遡航し、バンコクの北方八〇キロにある王都アユタヤに到っている。このアユタヤに日本人町が存在していたことはよく知られており、盛時には一〇〇〇人から二〇〇〇人の日本人が居住していたといわれているが、山田長政が毒殺された後には衰退の一途をたどることになってしまった。

柬埔寨《カンボジア》では、朱印船がメコン川を遡上し、プノンペンおよび当時の王都ウドンの外港ポニャールー（カンダール州）において交易を行っていたとされる。アユタヤと同じ様に、このプノンペンやポニャールーにおいても日本人町が形成されたのは確かではあるらしいが、詳しいことはあまりよく分かっていない。かつての王都アンコールにあった仏教寺院（当初はヒンドゥー寺院として建立）アンコール・ワットをインドに存在していた祇園精舎《ぎおんしょうじゃ》と考えて訪問する日本人もいたようで、今でも朱印船時代の日本人が記した墨書がアンコール・ワットの壁面に残されている。

呂宋《ルソン》は現在のフィリピン北部、ルソン島を中心とした地域で、一五二一年、イスパニア国王の支援を受けた探検家フェルディナンド・マゼランが「発見」したのち、イスパニアによる征服が進んでいった。朱印船時代にはイスパニアの統治下に置かれ、日本人は主に政庁のあったマニラに渡航している。ルソンにはかなり早い時期からディラオとサン・ミゲルに日本人町の建設が進められており、寛永期に至ってはディラオにおける日本人の数は三〇〇〇人にものぼったといわれている。

太泥《パタニ》は、マレー半島にあったマレー人のパタニ王国である。強大な隣国シャムにおされ、度々シャムと戦っていた。このパタニを、シャムの側にいて攻撃したのがリゴールの王となっていた山田長政である。パタニはその後シャムに征服され、タイの一部となっているが、現在でもパタニ王国再興を標榜する独立運動がおこっている。

摩利伽《マラッカ》は、マレー半島南岸のマラッカである。十五世紀から十六世紀にかけては、マレー人によるマラッカ王国が海のシルクロードの中継貿易港として繁栄していたが、一五一一年、ポルトガルの侵略によって滅ぼされてしまう。以来、マラッカは、ポルトガルがアジアに進出するための一大拠点となっていた。イエズス会の宣教師ザビエルが初めて日本人と出会ったのも、このマラッカである。

高砂とは台湾のことだが、当時は統一政権が誕生していなかったので、それは自称ではない。文禄二年（一五九三）に豊臣秀吉が「高砂国」へ入貢を促す国書を送ったときには、受け取る政権がないため、使節が国書を持ち帰るという一幕もあった。十七世紀初頭には、イ

1629年にイスパニアが築いたサン・ドミンゴ城
（中華民国・淡水）

スパニアが台湾北部の淡水《タンシュイ》に、オランダが台湾南部の台南《タイナン》に進出して、それぞれサン・ドミンゴ城、ゼーランディア城を築いて出会貿易の拠点としている。出会貿易とは、明の海禁政策により通航が禁止されていた日本と明の商船が、明以外の国や地域で交易をしたことをいう。中国と日本にも近い台湾は、出会貿易に最適な場所だったのである。

その他、摩陸《モルッカ》は香辛料で有名なモルッカ諸島に、艾莱はブルネイに、毘耶宇《ビャウ》は台湾の澎湖諸島に、密西耶《ミサイヤ》はフィリピンのミンドロ島に、西洋はポルトガル人が居留していたマカオに、信州は中国福建省の漳州に比定されているが、田弾についてはよく分かっていない（川島元次郎『朱印船貿易史』、岩生成一『新版朱印船貿易史の研究』）。

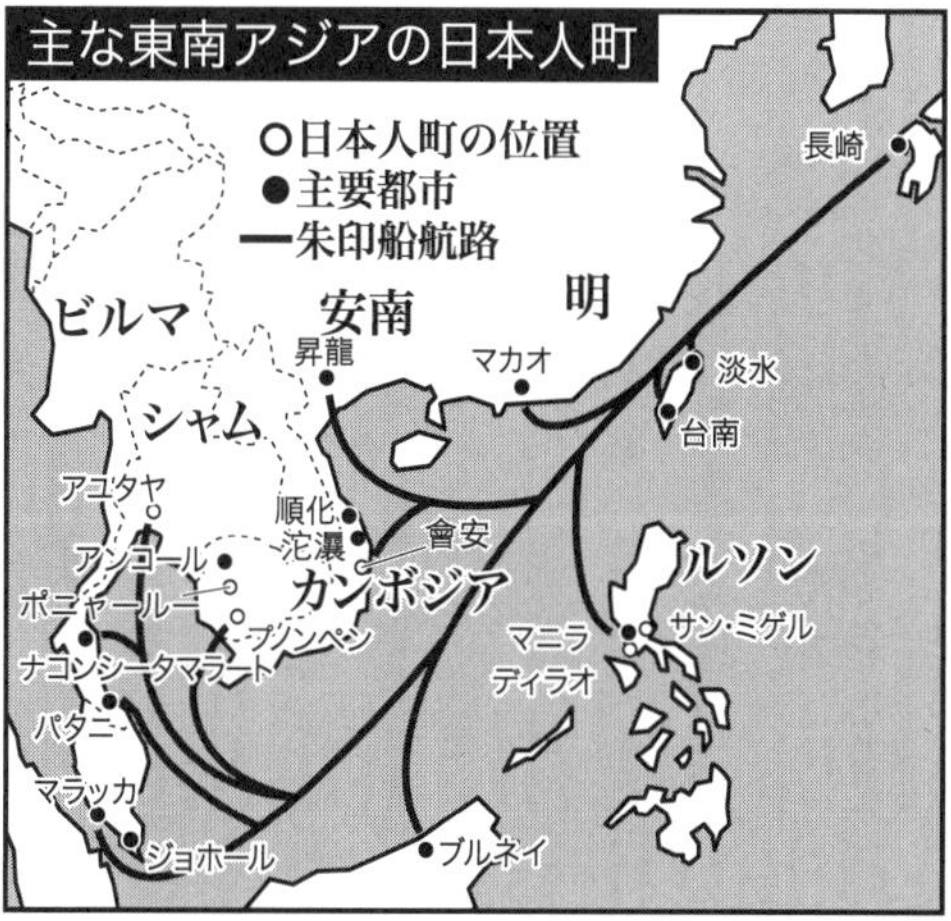

朱印船の渡航した先は以上の二十の国・地方にわたっているが、初期にはこれらすべてに宛てて朱印状が発給されていたものの、元和以降になると宛て先は東京、交趾、暹羅、柬埔寨、呂宋、高砂に集中するようになっている。いいかえれば、時代がくだるに従って朱印船の渡航先が主として日本人町の存在した地域に限定されてきたということになる。

では、東南アジア諸国に日本人町ができたのはどうしてなのだろうか。これは、当時の航海の方法とも密接に関係していたのである。周知のように、当時の船は季節風を利用して帆走していたため、日本から出ていくときは晩秋から初冬にかけての北風を利用することになるが、帰りは、次の年の春から夏にかけての南風を利用することになる。いきおい、渡航先で年を越す必要が生じてくる。これが、東南アジアのいたるところに日本人町、すなわち南洋日本町ができた一つの理由である。

もっとも、日本人町がつくられる必然性はそれだけではなかった。商品を長期間その地に保管し、好条件で売りさばく方が有利であるため、半永久的にその地に住む商人たちが増えたことも理由としてあげられる。

また、シャムならシャム、ルソンならルソンの当事国としても、ばらばらに日本人が居住しているよりも、一定区域に集団で居住させておくことの方が、商取引の上からも、また治安上からも有益であったため、日本人町など外国人の居住する町がつくられたのである。このようにして、シャムでいえばアユタヤの日本人町、ルソンではマニラの日本人町、交趾では會安の日本人町、カンボジアでもポニャールーおよびプノンペンの日本人町が発展をしたわけである。

前述のような東南アジア各地へ朱印船を派船する際には、一度の交易において多額の資本を必要とし、かつ航海上の危険から多大なリスクを負うことになったから、誰でもが簡単に行えることではなく、必然的に大名や豪商に限られてしまうことになっていたことはいうまでもない。

大名では島津忠恒、松浦鎮信《まつらしげのぶ》、有馬晴信、鍋島勝茂、亀井茲矩《これのり》、加藤清正、細川忠興といったように、亀井氏をのぞきすべて九州の大名であった。商人では角倉了以・与一、末吉孫左衛門、茶屋四郎次郎、末次平蔵をはじめとして六十人を超えている。また、ヤン・ヨーステンやウィリアム・アダムスのような外国人も朱印状を下付されて東南アジア各地へ派船しているが、岩生成一氏はその理由を、日本在留の外国人にとっても朱印状を持参していれば、国内外において公許船であることを証することが可能であったからだとされている。

これら朱印船貿易家個々の研究については既に川島元次郎氏がされているが、中田易直氏がその信憑性を疑った長崎の地誌類に論拠をおかれているため今となっては問題点も少なくない。とはいうものの、以後今日まで、朱印船貿易家を学術的に扱った研究はほとんど行われてこなかったのが実情である。

茶屋四郎次郎に関して言えば昭和十六年（一九四一）に、松尾樹明氏が「安南と茶屋四郎次郎」（『南洋』二七号）と題して考察されてはいるが、茶屋家の朱印船貿易にはほとんど触れられておらず、ただ概説されたにとどまっている。岩生成一氏もその著『鎖国』の中で交趾における交易の形態の一例として茶屋船を取り上げられているが、茶屋家の朱印船貿易だけを細密に論及されたのではない。朱印船貿易家としての茶屋家を深く研究されたのは、管見の限り、古くは穴田秀男氏の「南進の先覚者茶屋氏と交趾貿易図について」(『商業経済論叢』二〇巻二号)、そして近年では小倉貞男氏が『朱印船時代の日本人—消えた東南アジア日本町の謎—』の中で詳述されているだけであるように思われる。本書では、茶屋家の役割について、家康が推進した朱印船貿易との関わりを中心に見ていくことにしたい。

朱印船貿易のセンターだった駿府

駿府は、家康が江戸に移ったあと、豊臣大名の一人中村一氏が、それまでの近江水口六万石から十四万五〇〇〇石で入ってきた。ちなみに、このときの転封で、浜松城には堀尾吉晴が、掛川城には山内一豊が入っている。これは、家康を関東に封じ込めるために、東海道の要衝に自分の直臣を配置するという、秀吉が考えた家康対策であった。

ところが、その秀吉の思惑ははずれ、慶長五年(一六〇〇)の関ヶ原の戦いのときは、中村・堀尾・山内の三大名ともに東軍徳川方についている。戦後の論功行賞で、中村一氏の子忠一は伯耆米子へ十七万五〇〇〇石で移っていった。三万石の加増なので、たしかに栄転といえば栄転であるが、むしろ、家康の本心は、豊臣系大名を東海道の枢要の地駿府から追い出すことにねらいがあったように思える。

中村忠一が米子に転じたあと、駿府城主として入ってきたのは内藤信成《のぶなり》である。信成は、『徳川幕府家譜』などによると、家康の父広忠の庶子、すなわち、家康とは腹ちがいの弟ということなので、家康としても、枢要の地で重要拠点の駿府城を自分の異母弟にゆだねたということになる。

ところが、家康はこの内藤信成にはたった四万石しか与えなかったのである。家康の五か国時代ですら一〇〇万石を超える城下町だったのが、中村一氏の時代に十四万五〇〇〇石に転落し、いままた四万石の城下町というわけなので、これは、完全に駿府の凋落を意味している。

しかし、家康は、駿府の町を見捨てなかった。将軍職を子の秀忠に譲り、いってみれば、家康の意向で、どこに城を築いてもいいという状況の中で、隠居城を築く場所として、駿府に白羽の矢をたてたのである。

家康は慶長十一年（一六〇六）、内藤信成を近江長浜に移し、翌十二年に駿府城に移ってきた。大御所家康の駿府時代のはじまりである。では、家康が、城を築きたいところならどこに築いてもいいという状況の下で、駿府を隠居城としたのはどうした意味があったのだろうか。

家康自身はこの点について、『廓山和尚供奉記《かくざんおしょうぐぶき》』の中でつぎのようにいっている。ちなみに、同書は、江戸増上寺の僧である観智《かんち》国師が駿府に来たとき、駿府城の落成の祝いを述べたときの、家康の返事であり、かなり、史料的な信憑性は高いと思われる。そこには、家康の言葉として、

予当国を擇《えらび》て住するに、凡《およ》そ五《いつつ》の故あり。一に曰《いわ》く、我幼年の時、此處《ここ》に住したれば、自ら故郷の感あり、忘るべからず。幼時見聞せし者の、今成長せしを見るは、なかなかに愉快なる事あるものなり。二に曰く、富士山高く北に秀でて、山脈其の左右に列《つらな》れば、冬暖にして老を養ふに最も便なり。三に曰く、米穀の味、他国に冠絶せり。四に曰く、南西に大井・安倍の瀑流あり、北東に箱根山・富士川の険あり、要害最も堅固なり。五に曰く、幕府に参勤の大小名等、来て吾を見るに便ありて、毫《ごう》も道を枉《ま》ぐるの労あるなし。且つ、此国は地勢開け、景色佳なれば、富士を不死となし、南山の寿を養ふに足る。是れ我が居を此に定むる所以《ゆえん》なり。


とある。家康は、自分が駿府を隠居地に選んだ理由をこの五つに整理していたことがわかる。

実は、この点は、家康が同じように、隠居地として駿府を選んだ理由を侍臣に語ったとい

う『宝台院記』の記述とかなり似通っているのである。そこには、

……此の駿府は、第一に要害よく、第二に米穀の質よく、第三に人の質賤しからず、第四に、気候和暖にして、老体養ひ易く、第五に水難少き等、五の徳を備へたれば、独り我のみならず、永へに、江戸大相国の菟裘《ときゅう》の地として、然るべしと思はると。

とみえるのである。この両方に共通する「冬暖かい」という理由はその通りであろう。ただ、「米がおいしい」というのは、現在の感覚からいうと首をかしげざるをえない。ただ、当時は、現在のような「コシヒカリ」や「ササニシキ」といったブランド米はないので、駿府周辺で作られる米は、他の地域よりはおいしかったのかもしれない。

同じく五つの理由をあげているが、重複するものがある反面、全く異なるものもあって、家康の真意がどこにあったのかわかりにくい。家康のこのころの最大の楽しみは鷹狩りだったはずで、そのことに言及されていないのは不思議である。周知のように、駿府城に入ったあと、家康は鷹狩りにしばしば出かけており、また、駿河ではおいしい茄子がとれたという。もちろん、いつも日本一の富士山はみることができるわけで、俗説でいう「一富士、二鷹、三茄子」も、家康が駿府を隠居地とした理由としてカウントできるかもしれない。

しかし、これらの理由は、あくまで、駿府築城を隠居城の築城とみた場合である。文字通

り、隠居を隠居として受けとめればそうした理由づけがでてくると思われるが、家康の場合の隠居は、単純な隠居ではなかった。そうした観点からみると、駿府城の築城は、『廓山和尚供奉記』に、四つ目の理由としてあげられている「要害最も堅固なり」というのと、『宝台院記』の最初に出てくる「要害よく」というのが注目される。

つまり、家康は、駿府城を江戸城の前衛として位置づけたのである。駿府城を築く段階ではまだ大坂方は健在だった。豊臣方がいつ、大軍で江戸に攻め上ってくるかわからない。家康は、そうした事態を想定し、仮に、豊臣方が東海道を江戸城に向けて攻め上ってきたとき、駿府城でそれをくいとめようとしたのである。

ところが、当初、家康が想定したほど豊臣方は脅威ではなくなった。そこで、あらためて駿府の町は、大御所家康の城下町として発展することになるわけであるが、注目されるのは、大御所家康が、将軍秀忠より上の存在として認識されていた点である。

当時の外国人の紀行文を読むと、日本に到着し、はじめに江戸の将軍秀忠に挨拶すべきか、駿府の大御所家康に挨拶すべきか迷った様子がうかがわれる。たいていは、はじめに駿府の家康を表敬訪問しており、これは、当時の外国人が、将軍秀忠より大御所家康の方を上にみていたことを示している。事実、当時の外国人の書いたものをみると、秀忠のことを「皇太子」と表現し、家康のことを「皇帝」と表現しているのである。
まさに、大御所家康時代の駿府の町は、世界に開かれた窓であり、朱印船貿易のセンターとしての役割を果たしていた。それは、たとえば、駿府からシャムのアユタヤに渡り、アユタヤ日本人町の頭領となり、最終的にはアユタヤ王朝の高官に迎えられ、リゴールの王になった山田長政の伝記史料である『山田仁左衛門渡唐録』に、

……我朝中古より寛永十五年の頃迄、異国へ商船通路自由なりければ、京、大坂、奈良、堺、長崎より唐渡とて、交趾、暹羅、東京、柬埔寨、唐土の外夷諸国へ渡り商、御交易の利をなしける時、駿府よりも肥州長崎に商船をととのへ唐渡しける。毎年したりし商人定りて廿家計あり。後に、我朝より外夷に渡り交易すること御制禁ましまし、異国より渡来する処の貨物を長崎にて分賜るに、本国にて貨物取の家、近年迄残りたるは、松木新左衛門、友野与左衛門、大黒屋孫兵衛、山内助兵衛、多々良庄太郎、出雲屋清兵衛、滝佐右衛門、太田治右衛門、桑名屋清右衛門、富田屋五郎右衛門なり。

とみえ、商船が出ていったのは長崎であるが、そうした船を出していたのが、駿府の豪商の松木新左衛門らだったことを記している。実際、山田長政は、家康が大御所として駿府にいた慶長十七年（一六一二）、駿府の豪商でここに名のみえる滝佐右衛門・太田治右衛門の仕

立てた船で長崎からシャムへ渡っているのである。

朱印船貿易のセンターが駿府に置かれていたこともあり、駿府には外国人の往来がかなりみられた。たとえばその一人にドン・ロドリゴ・デ・ヴィヴェロがいた。彼はイスパニアの植民地だったルソンの総督をつとめ、その任期が終わって帰国する途中、乗っていた船が上総国の和田浦（千葉県南房総市和田町）で難破してしまい、田尻というところに漂着したが、大多喜藩主本多忠朝のはからいで、駿府の家康に謁見のため駿府城を訪れている。そのときの紀行文が『ドン・ロドリゴ日本見聞録』で、そのころの国際都市駿府の状況を伝えている。

ロドリゴは、その本の中で、当時の駿府の人口を十二万と記している。その数字がどれだけ正確かはわからないが、そのころの江戸の人口が十五万だったことを考えると、駿府の繁栄がいかなるものだったかのおおよその察しはつく。

家康は、イスパニアとの貿易を考えていたので、ロドリゴを優遇し、帰国のための洋式帆船を与えて、ノビスパニア（「新しいイスパニア」の意、現在のメキシコ）に送っている。ちなみに、このとき、京都の商人田中勝助《しょうすけ》らがその船に乗り込んでおり、これが日本人初の太平洋横断といわれている。

ロドリゴが家康から優遇されたことを知ったイスパニア国王は、その答礼のため、セバス

大御所政権機構図

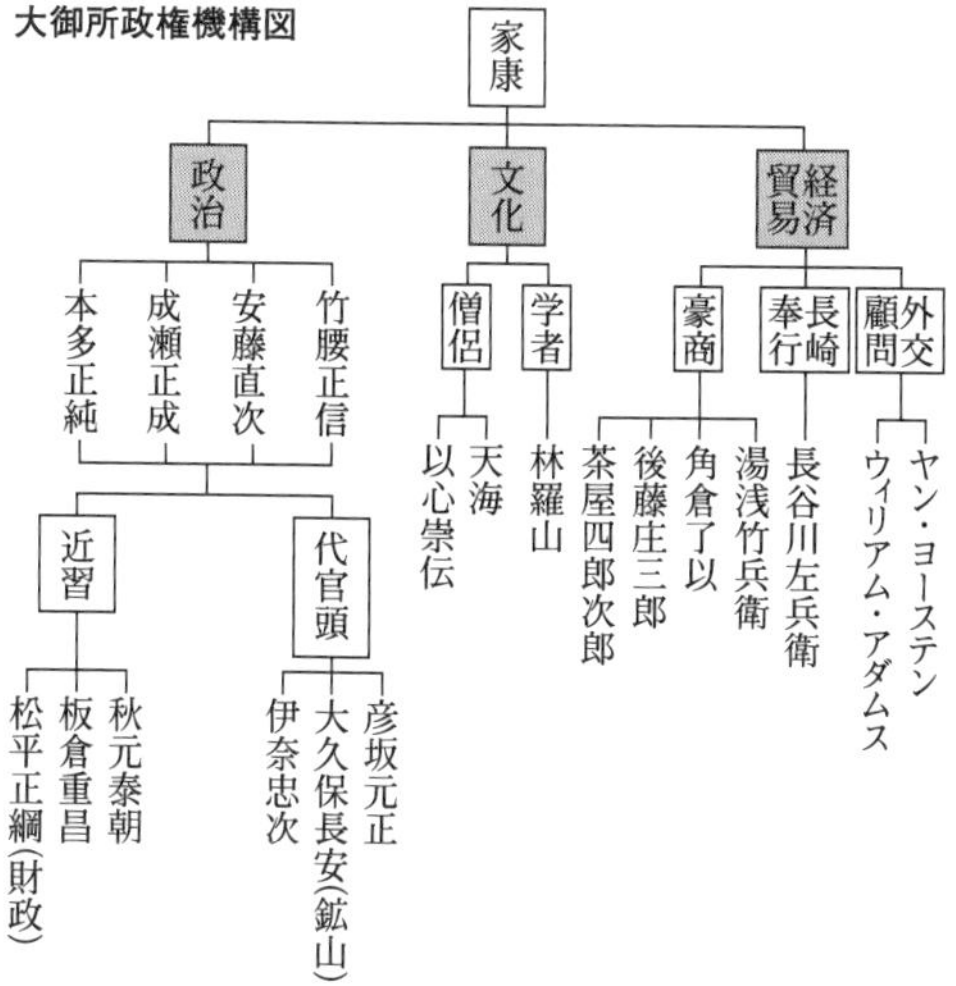

チャン・ビスカイノを答礼使として派遣している。ビスカイノが駿府の家康のものを訪れたのが慶長十六年（一六一一）のことであり、このとき、持参し、家康に土産として渡された時計が、現在、久能山東照宮博物館にある。その時計の文字盤の下には「一五八一年、マドリッドでハンス・デ・エバロが製造」と書かれている。

　さらに、慶長十八年（一六一三）には、イギリス国王ジェームズ一世の国書をたずさえたジョン・セーリスも、日本との通商を求めて駿府を訪れており、駿府は、そのころ、世界に開かれた窓となっていたのである。

　ところで、そのころの大御所政権の担い手は、上の図のような、多様な人材からなっていた。中でも注目されるのは、経済・貿易に携わる側近として豪商茶屋四郎次郎が入っていた点である。そこで次に、この茶屋家が実際に行っていた朱印船貿易についてくわしくみていくことにしたい。

第三章　茶屋家の朱印船貿易

「茶屋新六郎交趾渡航図」について

江戸幕府から茶屋家に下付された最古の朱印状は、慶長十七年（一六一二）正月付のものである。『茶屋四郎次郎長曾先祖書』に、

又四郎義ハ交趾国ニ至リ商船渡海之義ヲモ御救仰付ケナサレ候テ頂戴仕候御朱印之写、

自日本至

交趾国船也

慶長十七年子正月

と記されており、又四郎すなわち清次の代から朱印船貿易に携わるようになったことがわかる。角倉家の朱印船貿易が慶長八年（一六〇三）にはすでに始められていたことが『徳川実紀』にはみえていることから、清次の派船も同時期ではないかとも考えられるが、同書の慶長十七年正月十一日の条には、

津田紹意に毘耶宇《ビャウ》島渡海の御朱印。茶屋四郎次郎に交趾渡海の御朱印。唐人やようすへ《（ヤン・ヨーステン）》

広南渡海の御朱印を下さる。

とあり、これが清次に朱印状が下付された初見になっている。このとき発給されたのが茶屋家に伝えられている慶長十七年正月付の朱印状であることは疑いのないことであり、このことからも、茶屋家の朱印船貿易の開始は慶長十七年に始まったとみて間違いないだろう。江戸幕府の朱印船制度が慶長六年（一六〇一）には創設されていたことを考えると、慶長十七年からの派船というのはかなり遅いといわねばならない。しかし、清次自身は慶長十二年（一六〇七）から長崎に下向して幕府の長崎貿易に専念しており、その任務に付随する収益もそれなりにあったためかと思われる。

岩生成一氏の『新版朱印船貿易史の研究』の第七表「個人別・年次別朱印船派船表」によると、茶屋家には、元和六年（一六二〇）、同九年（一六二三）、さらには寛永四年（一六二七）からは同七年（一六三〇）をのぞき、渡航が禁止された寛永十二年（一六三五）まで毎年のように朱印状を下付されている。しかし、茶屋家へ下付された朱印状は『異国御朱印帳』・『異国渡海御朱印帳』には一通も記載されてはおらず、『譜牒余録』や『武徳編年集成』などに残されているだけである。これは、すでに川島元次郎氏が『朱印船貿易史』で指摘しているように、幕府から茶屋家に直接渡されたためであると考えられている。

朱印状の交付と尾州茶屋2代の事跡

年号	西暦	朱印状の宛先	本家の当主	尾州茶屋家の事跡
慶長17	1612	交　趾		
18	1613			
19	1614			尾州茶屋創設
元和元	1615			
2	1616			
3	1617		清次	
4	1618			
5	1619			公儀御用達呉服師を拝命
6	1620	交　趾		
7	1621			
8	1622			
9	1623	交　趾		
寛永元	1624			
2	1625			2代長以　家督を相続
3	1626		道澄	初代長意　隠居
4	1627	交　趾		
5	1628	交　趾		
6	1629	交　趾		
7	1630			
8	1631	交　趾		
9	1632	交　趾		
10	1633	交　趾	延宗	
11	1634	交　趾		
12	1635	交　趾		
⋮	⋮			
万治3	1660			長意 半鐘を久遠寺へ奉納
⋮	⋮			
寛文3	1663			長意　死去

茶屋家には十一通の朱印状が発給されていたことが明らかにされているが、その宛先がいずれも交趾《コーチ》だけに限られていた事は注目すべき点である。この交趾という国に関しては、一六一八年（元和四）に同地を訪れたイエズス会のイタリア人宣教師クリストフォロ・ボルリが『交趾支那誌』（岡田章雄訳）において、

ポルトガル人は交趾支那とよんでいるけれども土地の民はアンナムといっている。西方の国という意味で、支那の西に位置しているからである。それと同じ理由から日本人はその国語で交趾といっているが、これは交趾支那語では、アンナムと同義語に当っている。けれどもポルトガル人は日本人の力をかりてアンナムにきて商売を営むようになったので、日

本語の「交趾」に別の「支那」という言葉をあわせ、交趾支那という名称をつくりあげてこの王国の名としたのである。

と記している通りである。つまり、ポルトガル人が「Cochin China」と呼んでいた地域を、日本人が交趾という字を当てていたことになる。なお、交趾という漢字そのものは、ベトナム北部を版図に組み込んだ古代の中国王朝の交趾郡に由来しており、安南人が自称していたわけではない。

さて、ボルリは安南《アンナム》と交趾を同義であるとしているが、それは誤解である。ボルリのいう交趾とは、あくまで安南という国の一地方であった。同書にはさらに、

この王国は南は北緯十一度で占城《チャンパ》の王国と境を接している。北は多少東の方にかたよって東京に連り、また東は支那海に面し、西北西は老撾《ラオス》の王国に接している。

とあり、交趾は、順化《トゥアンホア》・広南《クアンナム》を中心とする現在のベトナム中部であったことも明らかである。ここに記されている東京もまた、安南の一地方であり、当時の安南は南北に分断されていたのである。ともに独立した国家の様相を呈していたため、人々は安南の順化・広南地方を「交趾国」というひとつの王国とみなしていたのだった。

この交趾を支配していたのが、安南国王黎《レ》氏の重臣阮《グエン》氏である。十九世紀にはその一族

茶屋新六郎交趾渡航図

が安南を統一して阮朝（一八〇二〜一九四五）を開いているが、この時代にはまだ地方政権のひとつにすぎなかった。交趾が「王国」でない以上、支配していたこの阮氏も厳密にいえば、「王《ヴォン》」ではない。ベトナム史ではこうした地方領主を「主《チュア》」と扱い、この時代の阮氏の一統は、阮主《チュア・グエン》とよばれている。

茶屋家が朱印船を派船した交趾とは、この阮氏の支配する順化・広南地方だった。残念ながら、かの地で、茶屋家がどのような貿易をしていたのかを示す史料は残されてはいない。ただ、名古屋市の情《じょう》妙寺《みょうじ》には「茶屋新六郎交趾渡航図」とよばれる絵図が奉納されて現存している。これは茶屋船の、長崎から広南にあった貿易港會安《ホイアン》までの航海を描いた絵図で、茶屋家の朱印船貿易の手かがりをつかむ貴重な絵画史料といえるだろう。なお、この絵図が情妙寺に奉納されているのは、この情妙寺が尾州茶屋家の菩提寺だったからである。

すでに述べたことではあるが、尾州茶屋家は慶長十九年（一六一四）、清延の三男新四郎長吉（法名長意）が尾張の徳川義直につけられたことに始まっている。尾州茶屋家は城下町割の時に名古屋城近くの広大な屋敷地を与えられ、この一帯は名古屋の地誌『金鱗九十九之塵』にもみえるように、その名にちなんで茶屋町と呼ばれていたのである。外国の使節の一行が長崎から江戸へ参勤する時や、あるいは象のような珍しい動物が運ばれてきた時などは必ずこの茶屋町を通行させていたという（『小治田之真清水』）。尾州茶屋家が屋敷を構えていた茶屋町は、名古屋城下一番の目抜き通りだったのである。

情妙寺は、尾州茶屋初代の長吉により慶安二年（一六四九）に創建された。ちなみに、情妙寺の「情」は長吉の父四郎次郎清延の法名「久本院情延日実居士」から、「妙」は長吉の母の法名「仙経院妙清日寿大姉」に由来しており、その名前からも長吉がいかに父母を崇敬していたかが分かる。この由緒ある寺に、「茶屋新六郎交趾渡航図」が奉納されたのは当然のことだったかもしれない。

ただ、早くから情妙寺に奉納されていたのではなかったと思われる。というのも、京都茶屋本家の記録『交趾国渡海一件御尋に付書上ヶ留記』によれば、

一、前書の通、慶長十七年より玄祖父四郎次郎延宗代、寛永年中迄、度々渡海仕候付、今以持伝候品々左の通に御座候
一、安南国王書翰「朱印・黒印」有之、但安南国王は、則交趾国王之儀と及承候
一、交趾国着岸の體絵巻物　一巻
一、御朱印返上の節、岡野孫九郎印形之一札并書状　両通
一、寛永年中船作事古帳面　二冊
　右の外度々類焼の節、焼失仕候。此品々も、非常の手当仕京都に差置申。

と書き残されているからである。ここでいう「交趾国着岸の體絵巻物」が情妙寺に伝わる「茶屋新六郎交趾渡航図」であることは間違いあるまい。ここにでてくる四郎次郎延宗の玄孫は、延享四年（一七四七）に家督を継いだ延貞《のぶさだ》であり、その頃には火災に遭った「茶屋新六郎交趾渡航図」をはじめとする朱印船時代の遺物が、京都の本家によって修復・保管されていたことになる。交趾国王（阮主）の書翰などは、そののちも茶屋家が所蔵しているので、これらの品々が情妙寺で罹災したとは考えにくい。この点について、名古屋の地誌『金明録』の安永七年（一七七八）三月条には、

　同堂（情妙寺滝見観音堂）に茶屋、交趾国へ渡り、国王対面の所并渡海の舟の図、交趾

国山川の様子悉く記し絵図の巻物一軸有り、道法迄、印し有由。

とあり、安永七年には情妙寺にあったことが記されている。この直前に、絵図は尾州茶屋家に戻され、奉納されることになったのではないだろうか。

絵図は縦七十八センチ、横四メートル九十八センチで、巻物として表装されている。後半部分が途中で切れてしまっているが、これは京都本家の記録にも明らかなように、火災により巻いてある上の部分だけが焼失してしまったためと思われる。残念ながら今となっては全容をうかがい知ることはできないが、切断されている部分までの範囲でみていくことにしよう。

茶屋船の航海

長崎港から出航した朱印船の交趾に至る航路は、五島列島を経て中国沿岸に沿って南下し、台湾海峡を航行してから香港島、さらに海南島を通過して交趾の沱瀼《ダナン》に入港した。この沱瀼のことをヨーロッパ人はツーランと呼んでおり、「茶屋新六郎交趾渡航図」の詞書《ことばがき》にも、「交趾国、舟入口、とろん岩島」とある。広南に着いた茶屋船は、まず「とろん」、すなわち沱瀼に入港、碇泊したのである。

沱瀼に入港した茶屋船は、一六三六年（寛永十三）十月七日台湾オランダ商館商務員アブラハム・ダイケルより東インド総督アソトニオ・ファン・ディーメンに送られた報告書（岩生成一訳）に、

日本人らがその船で広南に到着すると、ツーラン湾に投錨し、同地からかれらの商人若干名を貿易地フェフォに派遣して、そこに住んでいる日本人のカピタンと南方地区の役人に、かれらの来航を鄭重に報告させる。この人たちは、陸路、国王のもとに飛脚を派遣してこれを報告するが、その間、かれらは沿岸地方の長官、すなわち国王の顧問官がその船と積荷を臨検にくるまで、貨物をいっさい陸揚げせずに待っていなければならぬ。

とあるように、投錨後、三〇キロ南のフェフォすなわち會安日本人町の頭領と地方長官に来航を報告し、そのまま順化の阮主のもとに伝奏されることになっていたらしい。

この沿岸地方の長官というのは、広南鎮守のことであろう。交趾では、阮主が順化の鎮営にいて、その子息らが広南の鎮営にあり、貿易港會安の統治にあたっていた（『大南寔録』）。一六一八年（元和四）に交趾を訪れたイタリア人宣教師クリストフォロ・ボルリの『交趾支那誌』（岡田章雄訳）にも、

交趾支那は五の地方にわかれている。第一は東京に接し、この国王の住んでいるところ

でシヌハと呼ばれている。第二はカチアンで、国王の息子に当たる公子が住み、支配に当たつている。第三はクアムグヤ、第四はクイニン、ポルトガル人がプルカンビとよんでいる地方である。第五は占城に境を接しているレンランである。

とある。シヌハは順化の訛音であり、カチアンは広南をさしている。つまり、順化には阮主がいて、カチアンにはその子が居住していたというのである。

元和三年（一六一七）年に広南に渡航したウィリアム・アダムスも、その航海記『Log book』（筆者訳）において、

四月三十一日、水曜日。弥三右衛門殿（Yassoymdonmo）が若い王（young king）のところへ行った。この王は、このことをとても喜んだ。五月一日、木曜日。バルモンドは順化（Sinnofa）の老王（old king）のところへ出かけた。

というように、広南の「young king」と順化の「old king」とを書き分けている。

沱瀼は、今でこそベトナム中部における最大の国際貿易港として知られているが、朱印船時代には鄙びた港町でしかなかったといわれる。貿易港會安の河口が土砂の堆積により通航できなくなった十九世紀頃から沱瀼は発展していったもので、朱印船時代の貿易港は會安にあった。そのため、広南鎮守配下の官憲による船の査察を受けたあと、茶屋船は、一路、沱

灤から會安に向かったのである。

現在の會安は、「ホイアンの古い町並み」として一九九九年にはユネスコの世界文化遺産にも登録されているほど、古き良き時代の落ち着いた面影を残している。そこがかつて外国船が多く来航した国際貿易港であったと想像するのは難しい。しかし、朱印船時代の會安は、順化の外港として諸外国から多くの貿易船が来航していたのである。『撫辺雑録』には、

	到税	回税
上海艚	銭三千貫	銭三百貫
広東艚	銭三千貫	銭三百貫
福建艚	銭三千貫	銭三百貫
海南艚	銭五百貫	銭五十貫
西洋艚	銭八千貫	銭八百貫
瑪焦艚	銭四千貫	銭四百貫
日本国艚	銭四千貫	銭四百貫
暹羅艚	銭二千貫	銭二百貫
呂宋艚	銭二千貫	銭二百貫

ホイアンに居住していた日本人の墓

と記されている。「到税」は入港したときの税で、「回税」は出港するときの税である。税額は船載する貨物の量に比例して決められていたらしく、そういう意味では、日本の朱印船は會安での貿易に重要な位置を占めていたことが分かる。

會安には、日本からの朱印船のほか、上海、広東、福建、海南のような中国の沿岸各地から明船が渡航してきていたが、これは隆慶元年（一五六七）に明が海禁政策を緩和し、東南アジア地域への渡航を許可していたためである。倭寇を恐れる明は依然として日本との通航を認めていなかったが、交趾に来航すれば、日本船と明船との間でも貿易が成立した。そのため、交趾との貿易だけでなく、日本との貿易も考えて、會安に来航する明船は多かったのである。さらに、暹羅《シャム》（タイ）や呂宋《ルソン》（フィリピン）など、會安には東南アジア各国からも貿易船が集まった。ここに記されている西洋はオランダ、瑪焦《マカオ》はポルトガルのことであろう。

貿易港として繁栄をみせていた會安には、貿易に専念するため、当地に居住する日本人も現れ、日本人町を形成していった。その数は、最盛期に二〇〇人前後であったという（岩生

渡航図に描かれた日本人町

成一『南洋日本町の研究』）。

「茶屋新六郎交趾渡航図」にも、賑やかな町並みが描かれており、かつてこれは沱瀼の日本町を描いたものとされてきた。しかし、小倉貞男氏が『朱印船時代の日本人』のなかで明らかにされていたように、會安の日本人町であることは間違いない。

朱印船時代の沱瀼と會安についてはクリストフォロ・ボルリが『交趾支那誌』（岡田章雄訳）で、

> すべての外国人が滞在し、さきにのべた互市の営まれる主な港はカチアンの地方にある港で、この地は海からはいるのに二つの口がある。一つはプルチャンペロといい他はツロンという。この二つははじめたがいに三、四リーグへだたり、二筋の大河のように七、八リーグの間ふかく陸地にはいってのち、合して一筋の河となる。二つの河筋をとおってはいっ

てくる船はここで出会うのである。交趾支那の国王はこの土地で支那人と日本人とに適当な土地を提供して、さきにのべた互市の便をはかって町を建てさせた。この町をファイフォという。きわめて大きな町で二つの町があるといってよい。すなわち一つは支那人の町でも一つは日本人の町である。たがいにわかれて各々異った統率者をもっている。そして支那人は支那の法律の下に、また日本人は日本の法律の下に生活を営んでいる。

と記している点が注目される。ファイフォというのが會安、プルチャンペロというのは大《ダイ》占《チェム》のことで、會安に到るには大占から秋盆《トウボン》江を遡航する航路と、沱瀼から鷺頸《ロカイン》江を遡航する航路があったことがうかがわれる。絵図の詞書からも茶屋船が沱瀼から入ってきているのは明らかなので、鷺頸江を通航していたのは確実であろう。ただし、この鷺頸江は、現在、存在していない。十九世紀にはすでに、水が枯れたため船舶の通航ができなくなっていたようである（『大南一統志』）。

なお、絵図の詞書には「此舟、横四間半、長弐拾五間ほど」と船の大きさが記されている。これによると、茶屋船は、長さ二十五間（約四十七メートル）、幅四間半（約八・五メートル）の大きさであったことが分かる。岩生成一氏は、この数値から茶屋船は三〇〇トン程度の船であったと推定されている（『新版朱印船貿易史の研究』）。アユタヤへ渡航した角倉船が八〇〇トンであったといわれているのに比して、茶屋船が小型に造られていたのも、大型船では鷺頸江を航行できなかったためかもしれない。

順化と広南の鎮営に赴いた船長茶屋新六郎

會安に着いた朱印船の船長は、まず広南鎮営を表敬訪問したようである。というのも、広南鎮守は、さきほどの台湾オランダ商館商務員アブラハム・ダイケルの報告書（岩生成一訳）によると、沿海地方長官は売買に当り、値を上げ下げする権利を持ち、国王については殊に多くのことができた。すなわち前記の沿海地方長官の仲介によらねば、いかなる外国人も国王に拝謁することを許されないし、かつまた彼は王国の全知事に査察官とも思われて、彼の力によって、国王によって得られる利益も損失も取り除くことができるので、この些少の贈物も役に立つことがある。

朱印船時代の沱瀼と會安

渡航図に描かれた謁見の場面

とあり、広南鎮守が舶載した商品の値段を決定する権利を持ち、また、阮主への謁見を斡旋する窓口になっていたことから、日本人が贈答をかかさなかったことも記されている。上図で広南鎮守に拝謁している船長の茶屋新六郎の左側に、衣類・屛風・蒔絵などが積まれているのも、その贈り物とみて間違いない。

　このときの阮主は、阮潢の六子で、弘定十四年（一六一三）に家督を継いだ阮福源《グエンフックゲン》（阮から阮福に改姓している）で、その長子淇が広南鎮守であった。茶屋新六郎が拝謁しているのは、おそらくこの淇であろう。弘定十五年（一六一四）に鎮守となった淇は、徳隆三年（一六三一）に亡くなるまで広南に善政をしき、その死を悲しまない者はいなかったという（『大南列伝』）。

では、広南鎮守に謁見している船長の茶屋新六郎とは何者なのだろうか。小倉貞男氏は

『朱印船時代の日本人』の中で、この新六郎を尾州茶屋家二代目の茶屋良延《よしのぶ》（長以《ちょうい》）であるとされている。しかし、尾州茶屋家の本業は、尾張徳川家の御用呉服師であった。現代なら日本から飛行機に六時間も乗ればベトナムに着く。しかし、当時は船で往復するのに何か月もかかったのである。この間、当主が留守にしていればいかに豪商の茶屋家であっても経営は傾いてしまう。それに、茶屋家の当主ともあろう者が、命の危険をおかしてまで自ら渡航したとは考えにくい。

ただし、新六郎という人物が存在していたことは間違いなく、同時代の史料でもこのことは確認できる。それが、延宝七年（一六七九）、茶屋新六郎が阮主から拝領した滝見観音像を情妙寺に納めたときの奉納文（『観音絵像一幅源頂山情妙寺為什物永代寺宝納由緒覚』）である。従来、取り上げられることのなかった史料なので煩を厭わず全文を掲載しておくことにしたい。

元和の頃、茶屋船渡唐之砌《みぎり》、彼の地より交趾国相渡り、其国の案内通をもって安南国王江土産物色々、染小袖・帷子《かたびら》・其外取揃へ献上申所、披露有て安南王御喜悦之由にて饗応。珍菓・珍酒不斜、玉座近く被召出、通を以テ国元の様子御たつねの中、別而日本の仏法

阮氏系図

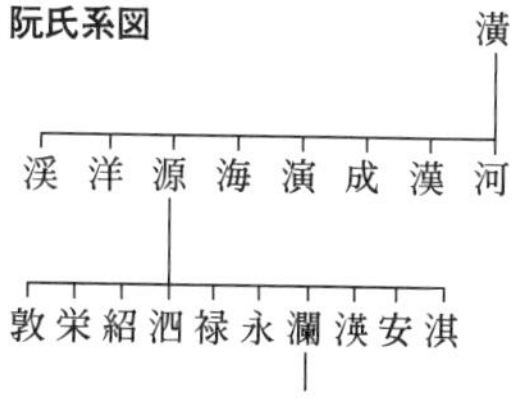

流布の儀御尋候所、本朝にてハ法華経第一繁昌にて就中《なかんずく》観世音菩薩専信仰仕事に御座候。拙者如きも偏《ひとえに》奉信候。此度渡海之節波風荒くござ候所、一入念じ奉候。依御利生恙無当国へ着船仕由申し候へば、扨ハ日本にも観音信心専の由歓悦被成候。御利益之事天竺よりも別而奉崇候。御利生広大成事、国王にもふかく御信仰なされ候ゆへ、御感之餘り、是ハ日本農民為利益、観音之絵像一幅可被下由にて由、倩御咄なされ候。於中天竺滝見生身の尊体を直に奉写尊像に候。ひとへに御秘蔵の御本尊に候へども、日本へ御渡し繁盛のため、御奉願に思召との儀にて其上其方志を御感悦にて下され候。厳かなる御尊像に候間、可奉崇旨に而、次に色々土産の所、取持被下候。それより高麗に帰途仕、船路用意等相調出船致候所、海上風烈波あらく一日一夜碇を下し前後忘却仕、何も及難儀候処、数百人の中より一人の老人申やう、昔大唐ゟ色々宝物渡り候中にも、面向不背の珠龍神望をかけ海中荒成候由、ケ様成ル例も候へバ、此度希なる観音の尊像、若龍神望をかけ、かやうに海上あれ候や、しからば其験を可奉乞と、船中一同に心を合せ、同声に普門品《ふもんぼん》三十三へん信誦仕候所、忽に風鎮り、何れも安っ《(んカ)》と感し、偏に薩埵《さった》の御霊験と喜信心をまし、それより船に帆を挙、得順風、海上無恙帰朝仕候。其後於京都伝聞の僧俗数多熱望在之、方々江ハ少々よせ申処に、何れの霊地にも、尊絵納度と所望の方多く候中にも、清水《きよみず》別当など達而之願望有之候へとも、麁忽にハ不罷成儀、自分之身心に難離所持仕、諸願是有時分、香花《こうげ》を備へ、御経転読仕、奉祈誓候処、毎度御感応耳、不思議共多く御座候。然ところ其後及老衰存命無覚束罷成候上は、貴寺江永代奉納仕候間、右之由緒を以何とぞ御堂御建立有は尚繁盛被成候様奉願候。無類之什物に候へハ御序ヲ以　上々様方江も被申上、御信仰被遊候様に、毎々茶屋家へも被仰合広く流布なされ候様に御取立、偏奉願候所也。仍縁起之趣如件。

茶屋新六郎　在判

延宝七年己未十月八日

源頂山　情妙寺

とある。ここには、広南からの帰途、船が大嵐に合い難破しそうになった時に阮主から拝領した観音像に祈りをささげたところ無事に帰朝することができたという霊験譚が語られている。注目すべきは、「元和の頃」に渡海した茶屋新六郎が、「老衰に及」んだことから延宝七年（一六七九）に情妙寺へ奉納したと述べていることである。

この新六郎が果たして良延なのだろうか。良延の生年は不詳であるが、元禄十一年（一六九八）七月十五日に亡くなっており、母親は初代長吉の後妻（前妻は元和三年に死去）だった（『代々続書手元調留』）。寛永二年（一六二五）に尾州茶屋家の家督を継ぎ、十一歳のとき初めて三代将軍徳川家光に拝謁したとの記録もある（『尾州中島古記録』）。家光へのお目見えは家督相続後のことであることは確かなので、生年はどう考えても元和年間（一六一五〜一六二三）はさかのぼるまい。少なくとも、元和年間に船長として渡航できる年齢に達していないことは確かである。

管見の限り、尾州茶屋家の記録で良延が新六郎を称したとする記述は、「二代目新六郎後新四郎と改名、又剃髪長以と改名仕相勤申候」（『尾州茶屋日記』十八）とあるのと、「新六郎後新四郎又剃髪改長以」（『茶屋家系』）とあるだけである。しかも前者は寛政二年（一七九〇）の成立であり、後者は系譜の下限からしてやはり寛政年間の成立と考えられる。尾州茶屋家の由緒書において、良延が新六郎と称したとする記事はいずれも江戸後期における記録だけであることには注意を要する。

尾州茶屋家では、代々新四郎を通称としており、当然、良延も新四郎を称していた。しかし、新六郎から新四郎に改称したという記録は、同じ茶屋家の由緒書であっても、古い時代のそれには記述を見つけることはできない。瀧見観音像を奉納した新六郎は、晩年になっても新六郎を名乗っているのである。もし新六郎から新四郎へ改名したという由緒書の通りなら、さすがに晩年には新四郎を名乗っていたことだろう。ちょうど、「茶屋新六郎交趾渡航図」が京都の本家から尾州茶屋家に戻された頃でもあり、絵図に描かれていた新六郎を良延の通称と混同したのではなかろうか。

ここで改めて「茶屋新六郎交趾渡航図」に着目してみたい。絵図の中には「かひたん　大将　茶屋又次郎新六」という詞書もみえる。この点、広南鎮営に赴いている場面の「茶屋新六郎」は、付箋で貼られているものであり、もともとは「又次郎新六」とあった可能性が高い。又次郎も新六も、ともに通称であるから、あるいは又次郎と新六という別な人物なのではないだろうか。『茶屋四郎次郎事書』所収の系図（十四ページ参照）には、初代四郎次郎清延の弟仁右衛門の後裔に又次郎と新六という名前がみえている。

多額の投資をしている朱印船の船長には信頼できる人間しか任命できない。さりとて、尾州茶屋家の当主が危険な航海にでるわけにもいかない。そうした状況のなかで、茶屋家は、一族の中から船長を選び、朱印船貿易を行っていたのではないかと考えられる。

広南鎮守に拝謁したあと、茶屋新六郎は順化の阮福源に拝謁することを許されたのだろう。絵図には、「かうちより　すのはいへ　四十里ほど」と、広南から順化に赴く様子が詞書で記されている。

「すのはい」というのが順化《トゥアンホア》のことである。現在の地名ではフエ（Huê）であるが、これは「順化」の「化《ホア》」に由来するという。フランス植民地時代には、フランス語でアッシュ（H）を発音しないため、ユエと呼ばれていた。順化は、十九世紀にベトナムを統一した阮朝（一八〇二〜一九四五）の都が置かれたところである。阮朝は、保大《バオダイ》二十年（一九四五）、ホー・チ・ミンによるベトナム民主共和国の建国により滅亡したが、その後も歴史的建造物の多い順化は、古都の面影を残していた。しかし、ベトナム戦争（一九六〇〜一九七五）における激戦地となったことから、その古都も破壊されてしまったのである。一九九三年には、王宮をはじめとする建造物群がユネスコの世界文化遺産に登録された。

図は、その順化にあった鎮営ということになろう。阮朝時代の都城ほど大規模ではなかったが、大砲八門を装備した門が描かれている。イタリア人宣教師クリストフォロ・ボルリの『交趾支那誌』（岡田章雄訳）には、

彼（阮福源）が少なからず力を得たのはわずかの間にとても多くの大砲を手にいれたためである。それは岩礁にうちあげられたポルトガル船やオランダ船の残骸からその国人が手にいれたもので、現在国王の宮廷には最も大型のものが六十門以上もある。交趾支那人は近ごろ大砲の操作に熟達するようになってきた。ヨーロッパ人よりも巧みにこれを行う。標

阮朝の王宮（フエ）

的を狙えば必らすこれを射るので、その抜術を誇って、ヨーロッパの船が港にはいってくる度に国王の砲手はいつもわが砲手に挑戦する。しかしわが砲手たちは彼等と競うことはほとんど不可能であることを知っているので、この技術の試練を拒む。

と記しているので、八門の大砲はその一部ということになる。ボルリの記述によると、これらの大砲は座礁したポルトガル船やオランダ船から奪ったものであったらしい。

ちなみに、新六郎が瀧見の観音像を拝領したのも、この順化の鎮営だった。『尾張名陽図会』によると、

……茶屋新六郎といふ人、慶長の頃、渡海度々なりしが、交趾国に渡り、国王より瀧見の観音の彩象并半鐘を送らる。其半鐘ハ身延山に納む。

とあり、新六郎は半鐘も拝領したのだという。もっとも、同時に拝領したということではなく、別な機会に拝領した

ものであったかもしれない。いずれにしてもこの半鐘は、情妙寺の本寺である身延山久遠寺に奉納されて現存し、

万治三年庚子

　　十月十二日

施主　中嶋氏　茶屋長意

　　法号円応日是

という銘文がある（坪井良平『梵鐘の研究』）。長意というのは、初代新四郎長吉の法名である。長吉は寛永二年（一六二五）に隠居、寛文三年（一六六三）に八十七歳で死去しているので、その晩年の万治三年（一六六〇）に奉納したことになる。二代良延と同じように、初代長吉も自らが渡海していたとは考えにくい。朱印船貿易を経営する立場にあったからこそ、贈られた半鐘を受け取ったものと思われる。

これより先、絵図は欠損しているが、新六郎が阮福源に謁見し、その後、貿易に従事する様子が描かれていたのだろう。次に、実際に交趾でどのような貿易が行われていたのかを見ていくことにしたい。

交趾における茶屋家の交易

朱印船の積荷は、広南鎮営の許可を得てはじめて陸揚げされたが、日本から交趾に輸出されたものは、主に銅、鉄、帷子《かたびら》、木綿、銭であったといわれている。これらが朱印船の積荷ということになるが、こと茶屋船に関していえば、中心となった舶載品は銅銭も範疇に含めた銅であったのではないだろうか。茶屋家の記録にも「交趾国之銅類売船渡海之儀も被仰付」（『茶屋家旧記』）と記されているからである。

銅類を舶載したという記述は他に見当たらないが、オランダ商館長ニコラス・クーケバッケルの日記一六三三年（寛永十）十一月六日の条（『オランダ商館長の日記』）には、

通詞レモンはさらに平戸の領主《松浦隆信》自身から次のことを聞いた、と語った。すなわち、大坂の知事からは、オランダ人に銅又は銅銭をコウチェンシナに送ることを禁止してほしい、このことは彼個人の意図に出たことではなく、ミアコ《京》に住む皇帝の代理人フィラノ・トイゼロウ《平野藤次郎》殿と、皇帝の衣服一切を納めているサイヤナ・シンセロウ《茶屋四郎次郎》殿の請願によるもので、それは彼等の銅を交趾シナで処分し、ないし売り払うことが困難となるからである、と提言されかつ請願されたが、それに対して、閣下《松浦隆信》は大変驚いて前記のことに答えて、一体どのような方法で、皇帝陛下から自由に貿易することを許可されて

いるオランダ人たちに、銅やその他の商品を輸出することを禁止することができようか、と述べたところ、それに対して前記の知事は答えて、このようなことは、商人たちから彼に要求されはしたものの、実行できないので、それはそのままにして安心していてもよい、と述べた由。

とある。つまり、平野藤次郎と茶屋四郎次郎が交趾での交易を円滑に行うために、オランダ人による銅および銅銭の当地への輸出の禁止を大坂町奉行に要請したことが読みとれる。これに対し商館長のクーケバッケルは平戸藩主松浦《まつら》隆信《たかのぶ》に解決を依頼しているが、結果的には同じく翌一六三四年十月十四日の条に、

本日、プレシデント閣下と評議会とは次のことを決議した。すなわち、閣下は、船舶の出発後に、皇帝陛下の面前で表敬を行うため自ら江戸へ赴くべきこと、次に人々は（上記の決議に述べられた理由による）銅銭すなわちゼネの買入れを中止すること……、人々はフィラノ（平野藤次郎）・トセリ殿（四郎次郎）やソイセロのような二、三のミアコの大商人たちにドイツ人の舵手を貸すことは、凡ゆる鄭重さを以て謝絶し、そのようにすることができない場合は、一人だけ貸すべきこと。

とあるように、オランダ商館の決議によって銅銭の買い入れを中止していることがわかる。

その対抗措置と思われるが、平野藤次郎と茶屋四郎次郎には低地ドイツ人すなわちオランダ人の舵手を可能な限り貸さないことを決定したのである。

オランダは、一六〇二年に設立された連合東インド会社（略称VOC）によって、西アジアから南アジア、東南アジア、東アジアにかけて広範囲な貿易を行っていた。この東インド会社は、会社といってもただの会社とは違う。軍事力を擁し、宣戦布告権や外交交渉権までも有していたのである。国家から強力な権力を与えられていたオランダの東インド会社は、ポルトガルやイスパニアの勢力を駆逐し、アジア各国に拠点となる商館を設けて貿易にあたっていた。

日本においては、慶長十四年（一六〇九）にヤックス・スペックスを館長として平戸に商館を置いている。平戸のオランダ商館は、寛永十八年（一六四一）、「鎖国」の完成により長崎出島《でじま》へ移転するまで、ヤン・ヨーステンら日本在住のオランダ人が派船する朱印船に投資して安南との貿易も行っていた（加藤榮一「オランダ東インド会社日本商館のインドシナ貿易―朱印船とオランダ船―」『海のシルクロードとベトナム』）。そのために、銅、銅銭の輸出をめぐっては平野藤次郎や茶屋四郎次郎と対立していたであろうことは想像に難くない。

交趾にとって、なぜそこまで銅が重要であったかといえば、それは国内に銅山がなく、通

貨の造幣に用いられる銅をすべて輸入に依拠していたからであった。『大南寔録』には、

順・広《（順化・広南）》二所にただ銅礦無く、福建・広東および日本の諸商船、紅銅を載せ商いに来る者あるごとに、官、収買のため百斤ごとに價四、五十緡を給う（原漢文）。

というように、その支配下にある順化と広南には銅鉱が無かったと記されていて、そのために福建や広東から来航する明船からだけではなく、日本からの朱印船が舶載する銅を切望していて、銅百斤に対して四、五十緡（一緡＝百文換算で四、五千文）で阮氏が買い上げていたのである。現在のベトナムの通貨単位のドンの由来が銅であるといわれるほど、日本の銅の影響は大きく、それだけ日本の銅の需要が高かったことは見逃せない。茶屋家がオランダ人を排除して、銅・銅銭の輸出の独占を図ろうとしたのもこの点につきるわけであるが、いずれにしても日本からの輸出品において銅が重要な位置を占めていたことは特筆すべきことである。

逆に、日本への輸入品は生糸、沈香《じんこう》、伽羅《きゃら》、鮫皮、陶磁器などであったが、中心となったのはやはりなんといっても生糸であろう。日本人は、中国船が會安に招来する白糸《しらいと》のほか、交趾の特産である黄糸をも買い占めていたといわれている（岩生成一『新版朱印船貿易史の研究』）。

このように、日本の朱印船は銅を多量にもたらし、生糸を買い占めていたわけなので、阮氏との貿易に限定した場合、朱印船がほぼ市場を独占していたと言っても過言ではないだろう。その背景にはよくいわれるように日本の強力な銀資本があったことは否めない。岩生成一氏の『鎖国』によれば、日本の銀の輸出額は全世界の三〇パーセントから四〇パーセントにも達していたというのである。

国家的に統制された貿易形態を擁するヨーロッパの国々を凌駕できたのは、単純に強力な銀資本があったことだけが原因ではない。會安在住の日本人による組織だった活動があったことを忘れてはならないだろう。小倉貞男氏が「ホイアン日本町の実像」（『しにか』一九九三年十二月号）で明らかにしているように、會安の日本人は、冬の北東風にのって朱印船が来航すると、すでに集荷を終えていた生糸等を積み込み、夏の貿易風にのって朱印船が日本に帰航すると直ちに、次に来航する冬まで集荷活動を行っていたのである。

茶屋家の朱印船貿易も、尾州茶屋家だけで行っていたのではなかった。朱印状は本家の茶屋四郎次郎、すなわち清次、道澄《みちすみ》、延宗《のぶむね》が受け取っていたし、朱印船の船主も、本家の四郎次郎であったようである。元和九年（一六二三）、カンボジアへの航海の途中にオランダ船に拿捕《だほ》された伊丹四郎兵衛と浅里助右衛門が長崎と平戸の奉行に訴えた抗議文（岩生成一

訳）には、

生命を全うするために、小さい杉板《サンパン》船に乗って逃げ出して、再び交趾シナに赴き、同地から茶屋又七郎（Chaya Matastero）のジャンク船で日本に帰った。

とある。岩生成一氏は又七郎とされているが、これは又四郎すなわち清次のことである。清次は初代清延の三男で、本家の家督を相続したあとも、又四郎を名乗っていた。船を奪われた両名が茶屋清次の朱印船で帰還したと言上しているということは、船主は尾州茶屋家ではなく、本家だとみなされていたということである。

朱印船の経営の中心にあったのは本家の茶屋家であった。しかし、貿易の実務に従事していたのは、尾州茶屋家だったのではなかろうか。朱印船を渡航させるためには、まずはじめに船を準備し、船長以下の船員を雇い入れなければならなかった。オランダ人が茶屋家への対抗措置として、茶屋船へオランダ人舵手を乗船させないという決議をしていたということは、茶屋家がオランダ人の船員を雇っていたということでもある。また、「茶屋新六郎交趾渡航図」の詞書によると、茶屋船には三〇〇人の船客が乗船していた。こうした乗船希望の商人を募集し、船賃を徴収するなどの役割も、尾州茶屋家は果たしていたはずである。

これだけ準備をした朱印船が、難破したり拿捕されたりすれば、人的・物的被害は甚大であった。そうした危険をできる限り回避するため、茶屋家では一族が協力して朱印船貿易に携わっていたのではないかと思われる。

第四章　安南との外交に尽くした茶屋家

国交の開始

安南《アンナム》は現在のベトナムの北部・中部（南部はチャンパ王国）である。正式な国号を大越《ダイベト》とするが、中国王朝から安南国王（朱印船時代は安南都統使）に冊封《さくほう》されていたため、対外的には安南国と称していた。日本に対しても安南の国号を用いているため、本書でも安南国と呼ぶことにする。

安南は順天元年（一四二八）に黎《レ》朝によって統一されていたが、統元六年（一五二七）、権臣莫登庸《マクダンズン》が王朝を簒奪したことから争乱が始まる。その後、黎荘宗《レチャントン》を擁立した阮淦《グエンキム》と鄭検《チンキエム》が黎朝再興のために莫氏と戦闘を繰り広げることになったが、阮淦が莫氏に毒殺されたことで、黎朝における鄭検の地位が高まり、鄭氏が王朝の権力を掌握するに至った。その結果、阮氏と鄭氏は阮淦の娘の玉《ゴク》宝《パオ》が鄭検に嫁いでいるというように血縁関係を結んでいたに

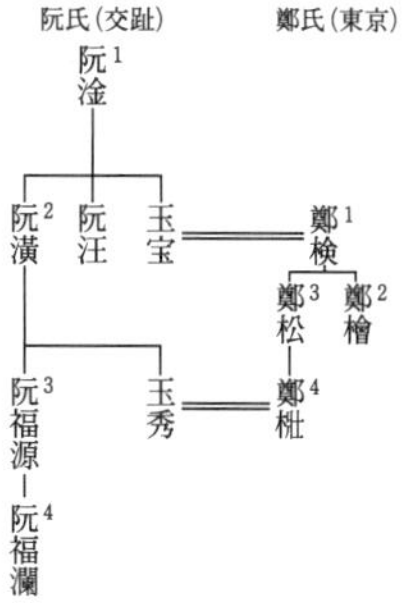

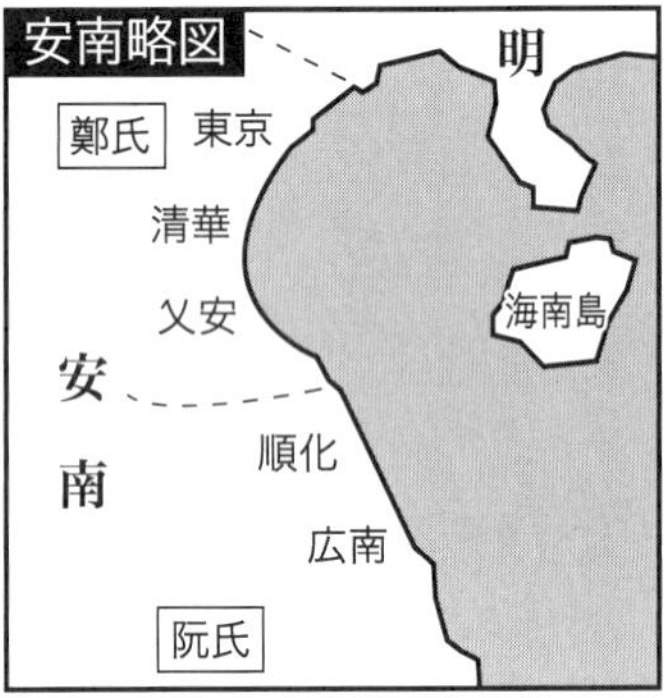

もかかわらず、阮淦の長子阮汪は鄭氏によって暗殺されてしまったのである。危機に直面した次子阮潢《ホアン》は姉の玉宝のとりなしにより順化《トゥアンホア》鎮守となることを願い出て、正治元年（一五五八）、王都昇龍《タンロン》（現在のハノイ）を去り南方の順化（現在のフエ）に下向している。

昇龍の鄭氏は莫氏を討滅させて国王黎氏を傀儡とすることで東京《ドンキン》・清華《タインホア》・乂安《ゲアン》などを支配し、順化に下った阮氏も順化・広南《クアンナム》などを支配した。これによって安南は鄭氏と阮氏の支配する領域に分断されることになり、我が国では、鄭氏の支配する領域を東京、阮氏の領域をポルトガル人が「Cochin China」と呼んでいたことから交趾《コーチ》と称し、それぞれ区別していたのである。ベトナム史では、このような領主の一統を、それぞれ鄭主《チュアチン》、阮主《チュアグエン》とよんでいる。

現在知り得る安南からの外交文書の初見は、慶長六年（一六〇一）に、阮潢から豊臣秀吉に呈されたものである（『方策新編』）。秀吉は慶長三年（一五九八）に薨去《こうきょ》しているが、安南の側ではその年になってもその情報を得ていなかったものであろう。書中の話題の中心は、

白浜顕貴という日本人についてであったが、

一、阮潢が順化から東京に上京していた間（一五九三〜一六〇〇）に顕貴が来航したこと
二、順化で難破した顕貴の船客と順化の官憲との間に衝突がおきたこと
三、一六〇一年の段階でもまだ順化にいた顕貴を帰国させることで阮潢は「旧約」の通りの通交を希望していること

という大きくわけて三つの重要な内容が伝えられている。阮潢は「我と大相国《（秀吉）》と前約已《すで》に定め」と述べているが、これは、朱印船制度創設の前に、何らかの合意があったことを示唆するもので大変に興味深い。同時に、阮潢から徳川家康へも呈書があり（『方策新編』）、その文中に「しばしば家康公の貴意を蒙り」とあるのをみると、通交は以前からあったのだろう。安南では、白浜顕貴と官憲との衝突により、日本との通交が断絶することを危惧していたのである。

　この白浜顕貴は、秀吉宛の国書に「大相国人」に示されるよう、日本人であったのは確かであるが、何者であるのかは分からない。ただ、「白浜」という姓に着目した場合、その出身は薩摩ではなかったろうか。『姓氏家系大辞典』の白浜氏の項には、「薩摩東郷家七代右重の二男重貫の後裔」とある。

白浜顕貴なる人物が薩摩から渡航したという確証は無いが、島津氏に対しては慶長七年（一六〇二）の段階で既に阮潢からの来書があり、翌年義久がこれに対して返書している（「島津家文書」）。家康にすらその前年の慶長六年にはじめて阮潢からの国書がもたらされたことを鑑みれば、たとえ地の利があったとしても一大名に過ぎない島津氏が阮氏から書を送られたという事実は看過できない。

潢は「顕貴は良商である」と述べているが、ベトナム側の史料に顕貴は「賊」と記されており（『越南開国志伝』）、善良な日本人とはみなされていなかった。家康から潢への返書（『方策新編』）にも、

本邦長崎より発する所の商船、其の地に於て逆風舟を破り、凶徒人を殺せば、国人宜しくこれを教誡すべし。足下今に至りて舟人を撫育するは、慈恵の深きなり。……本邦の舟、異日其の地に到らば、この書の印を以て証拠となすべし。印無き舟は、これを許すべからず（原漢文）。

と、海賊行為を行う日本人に対する処罰を潢に対して認めている。ここで家康は顕貴を擁護しておらず、助けるべき商人と理解していたとは考えられない。ちなみに、ここに記されている「本邦の舟、異日其の地に到らば、この書の印を以て証拠となすべし。印無き舟は、こ

れを許すべからず」という一文が朱印船制度創設を伝えているものである。

これによって、以後、朱印船が東南アジアに渡航していくことになったわけであるが、この阮氏の支配する交趾宛の朱印状は七十九ページの表でみたように、「鎖国」までに七十一通発給されている。このほか、慶長九年（一六〇四）には阮氏の本拠地である「順化」にも一通宛てられていた。

また慶長十一年（一六〇六）には原弥次右衛門に対して宛先を「天南」とする朱印状が下付されたことが『異国御朱印帳』にみえているが、これには「但、天南国ノスノハイト云所へ行也」という注釈がある。「スノハイ」は順化《トウアンホア》の訛音なので、これも宛先は順化であった。安南ではなく天南とされているのは、ちょうど、この年、阮潢は日本の商人に対して、「天南国」という国号で制令を与えており、この制令を受け取った原弥次右衛門が、朱印状の宛先を天南として申請したものだろう。このとき、潢がなぜ天南国を称したのかはわからない。同時に家康へ呈した国書では、「安南国大都統」を名乗っているのである。

このほか、慶長九年（一六〇四）に松浦鎮信へ下付された朱印状一通のみが「迦知安《カチアン》」に宛てられていた。これは、チャム人の土地を意味する「ケ・チェム」に当て字をしたもので、漢字に特に意味はない。安南による南下が始まるまで、ベトナム中部にはチャム人の国チャ

チャンパ王国のミーソン遺跡

ンパ王国があった。その歴史は古く、古代中国の史書にも、「林邑」として登場している。現在でも、ホイアンの近郊には、チャンパの聖域である美山《ミーソン》の遺跡が残されていて、一九九九年にはユネスコの世界文化遺産にも登録されている。

この迦知安が具体的にどこを示すのかについては諸説あるが、イエズス会士クリストフォロ・ボルリの記録『交趾支那誌』(岡田章雄訳)に、

交趾シナは五の地方にわかれている。第一は東京に接し、この国王が住んでいるところでシヌハ《(順化)》と呼ばれている。第二はカチアンで、国王の皇子に当たる公子が住み、支配に当たっている。

と記すように、阮主の子が鎮守として治めていた広南であることは明らかである。慶長十七年にはヤン・ヨーステンに「広南」への朱印状が一通のみ下付されているが、迦知

安もこの「広南」と同じように地方名としての広義の意味しか持たなかったのではないだろうか。

阮氏の領域への朱印状は、宛先こそ交趾、順化、迦知安、広南、天南というように多岐に渡ってはいるものの、貿易を目的とした朱印船はいずれも、広南の対外交易港である會安《ホイアン》を目ざしたのである。幕府は、そうした事情をとくに調べることなく、申請のあった宛先のまま、朱印状を発給していたのではないだろうか。

結局、阮氏の領域に宛てられた朱印状は七十五通ということになる。江戸幕府が発給した朱印状の総数は三五六通であったとされているから（岩生成一『新版朱印船貿易史の研究』）、これは全体の二〇パーセントにも相当するのである。このことは朱印船時代の日本と交趾との経済的なつながりがいかに緊密であったかを物語っているものといえよう。

日本と交趾との外交

日本と交趾との国交は、慶長六年（一六〇一）、阮潢から家康に国書が贈られたことを契機に開始されたが、潢はよほどそのことが嬉しかったのだろう。翌慶長七年六月、早速、千人を超す使節を日本に送り、象や虎を家康に贈っている（『当代記』『家忠日記追加』）。このとき、家康は上洛していたので、贈答品は京都に運ばれているが、ただし、虎は長崎に留め置かれ、家康の元には届かなかったという。

家康は、この年の十月、潢に返書し、日本の武器を贈呈しているが、これは潢からの要望だったのかもしれない。以来、家康と潢との国書の往復が続けられたが、ただ、日本から交趾に正式な使節が派遣されることはなかった。これは、交趾だけでなく、朝鮮・琉球・シャムなど、日本に使節を送ってきたほかの国々に対しても同じである。そこには、日本を「華」とし、ほかの国を「夷」とみる「日本型華夷秩序」が存在していたとの指摘も見逃せない（荒野泰典『近世日本と東アジア』）。

正式な使節による恒常的な往来がなかったから、日本と交趾との間の国書は、主に日本から渡航した朱印船に託されていた。そして、幕府において交趾への国書を認める際には、現地の事情に詳しい茶屋四郎次郎がよばれていたのである。

外交文書を起草していた以心崇伝の『異国日記』には、

元和六年庚申二月十五日晩、茶屋四郎二郎(清次)来る。御年寄衆よりの使也。伝(崇伝)其の時は水野備後殿へ数寄に参る。松首座《まつしゅそ》に申し置かれ候。書付帰らる也。其の書付案左にあり。

交趾申　上様(徳川秀忠)へ伽羅、同油、鉄炮二丁上る。船本弥七郎上る。大炊殿(土井利勝)、上野殿(本多正純)御披露

の所に、御祝着に思召され候。上様より屋形(阮福源)へ、御太刀二腰、御具足二領、甲《かぶと》共に遣わされ候。上野殿大炊殿へ音信之有り。

右のごとく書付置て帰られ候。伝極晩帰院、右の書付松首座口上聞候へ共、交趾より書を上候共、又はいつ船本弥七郎帰朝候哉とも聞かず候間、其の翌朝松を四郎二へ遣し、相尋候へば、則十六日の昼、四郎二来られ候而直談申し候。交趾は安南国也、安南国の内の交趾と也。

というように、安南への復書に関して、幕府老中の使者として三代茶屋四郎次郎清次が以心崇伝を訪ねていることが記されている。具体的には、同じ『異国日記』に、

上野殿大炊殿より面々に書を遣わされたく候。其の書も相認《したたむ》べき由也。是も安南国よりは大炊殿へ斗《ばかり》書を上げ候て上野殿へ上げず候故、御両人へなから書上げざる筈にして、進物斗上げ候由、去年伏見にての御返と四郎二物語也。両人への進物は重而書付給うべき由也。両人より返しの進物も重而書付給うべき由也。右の書、下書三通共に只今書候へと四郎二申され候へ共、左様に俄には成間敷く候。今日相調《ととのえ》、明日是へ各御出の時直《じか》に御目に掛けるべき筈にして、四郎二帰られ候。其晩に御年寄衆より料紙来りて、明十七日に御城に論義候間斎には御出有間敷き由仰せ越され候也。四郎二よりも切紙来

る、其文言は、

先刻の通り、各様申上候へ共、明日は御登城成らるべきの旨、仰せ遣わされ候間、其刻御下書成され、御持参成さるべきの由、仰され候間、其の為に申し上げ候。恐惶謹言。

二月十六日　　中島四郎二郎

金地院様

猶御合点においては御報に及ばず候。以上。

かくのごとき切紙来たり候也

とみえ、秀忠の阮福源への返書および、土井大炊頭利勝と本多上野介正純個人の返書の起草を依頼するものであったことがわかる。清次はその場で崇伝に書くように依頼しているが、なぜそれほどまでに急いでいたのだろうか。翌日に崇伝が老中へ直接渡すということで、清次は納得して帰ったようである。

清次は、国書作成の依頼のためだけに遣わされるような単なる使者ではなかった。清次が交趾との朱印船貿易に従事していたから、国勢などの情報を的確に崇伝に伝えられるものとみなされたのだろう。実際、「交趾は安南国也、安南国の内の交趾と也」とわざわざ書き残しているところをみると、崇伝でさえ交趾が安南の一地方であることを知らなかった可能性が高い。崇伝は、清次からいろいろと話を聞きながら、それを起草の参考にしていたと思われる。

交趾から国書が呈されると、まず、老中に披露され、老中による合議で返書すべきか否かが決定された。内容次第ではときとして将軍に披露されないこともあったらしい。返書が決まると崇伝に起草が依頼されるが、このとき、使者としてたったのが今みてきたように清次だったのである。草案の文言での返書が将軍の親裁により決裁されると、はじめて崇伝により清書されることとなった。その後、発給者のもとに届けられた書は、渡海する朱印船の船主に託されて交趾へ送られていったのである。

慶長六年（一六〇一）に始まった家康と阮潢との国書の往復は、慶長十一年（一六〇六）に途絶するまで毎年のように続けられている。途絶した原因は、潢の容態がよくなかったのだろう。潢が弘定十四年（一六一三）に亡くなり、その六子源が阮主になると、再び国書が呈されるようになった。なお、このとき源は、宛所を「日本国王」としていただけであるが、この国書は駿府の家康に届けられている。「日本国王」は依然、江戸にいる将軍の秀忠ではなく、元和二年（一六一六）に没するまで、駿府の大御所家康だったのである。

このとき、家康から源に対して返書されたのかどうかは史料を欠くためはっきりとはわからない。ただ、元和四年（一六一八）に再び源から呈された二通の書の宛所が本多正純と土井利勝であったということは、両者からの返書があったのは確かのようである。なお、この元和四年にあった来書に対しては、将軍秀忠からの返書はなく、専ら本多正純と土井利勝名義の二通の書がそれぞれ源に送られたにとどまった。

元和六年（一六二〇）にも源からおそらく「日本国王」と宛書されていたであろう秀忠への書と、土井利勝への書がもたらされたものらしいが、記録に残されなかったために詳細は定かではない。というのも、『異国日記』に、

> 元和六年庚申二月十五日晩、茶屋四郎二郎来、御年寄衆よりの使なり、…交趾より金札《（国書）》上候へ共、文体慮外、永喜《えいき》申出て、其金札上様へは上げざる由、四郎二物語也、…上様より安南の屋形へ御太刀二腰、具足甲一縮遣わさる由也。

とあり、「文体慮外」という儒者林永喜（林羅山の弟）の見解に従い、秀忠に当書が披露されなかったばかりか、秀忠からの返書が出されることもなかったからである。

では、いったい何が「文体慮外」だったのだろうか。残念ながらこのときの来書は残されていないので分からない。ただ、これまでの阮氏からの書に着目すると、自身の謙称を

「職」・「我」・「某」とし、相手への尊称は将軍へ「殿下」、老中には「麾下」あるいは「幕下」を付すというように、日本に対して最大の礼をつくしていることがその書札礼《しょさつれい》からは伺える。前々から日本に書を呈していた阮福源が、ここへきて文書の様式を改変してきたとは思えない。

阮氏は、その対外的呼称を「欽差《きんさ》」の「安南国大都統」・「安南国都統官」としていることからも明らかなように、自らを安南国王の臣下として位置づけていることは明白で、独立した国とは自認していなかった。おそらくは、安南国王の臣下であることを自他共に認めていた阮氏が直接将軍である秀忠に宛てたことを、儒者として礼を重視する立場にあった永喜としては受け入れがたかったものだろう。当時は、対等の者同士が国書の交換をするという外交上の儀礼が存在していたからである。結局、返書は本多正純と土井利勝の両名によるものだけで、将軍秀忠の名義で国書が送られることはなかった。

こうした状況は元和九年（一六二三）に家光が将軍となったあとも続くが、日本・交趾間の外交における閉塞状況を、交阯および日本はどのように打開しようとしたのだろうか。寛永七年（一六三〇）には、交趾から使節が日本に送られたという。この年、長崎を訪れたオランダ商館員ウィルレム・ヤンスゾーンの報告書（永積洋子訳）に、二月二十五日…（世評によると）交趾シナの大使は、将軍に拝謁することができずに、同船で出発する由である。

とあり、あくまで流言であると断りながら、阮氏からの使節が家光に謁見を許されなかったと記されている。ただし、日本側の記録には国書がもたらされたという記事を欠くため、これが事実だったのかどうかはわからない。

茶屋家と交趾

交趾へ返書しないという幕府の決定を崇伝に伝えたのは、茶屋四郎次郎清次本人であった。交趾との断交が現実的になってきた状況のなか、交趾へ朱印船を派船していた清次の心境はいかばかりだったろう。もしかしたら、清次は崇伝に依頼して、独自に交趾へ呈書していたものかもしれない。寛永五年（一六二八）、再び阮福源から「日本国王」家光に来書があったが、このとき、本多正純と土井利勝への来書は無く、かわりに茶屋四郎次郎宛の来書があったからである。

すなわち、次のような文面である（『異国日記』）。

安南国都統官、粛書し、

日本国貴職茶屋四郎次郎殿麾下に達す。炤《あき》らかに知る、我、貴国等職と好を結びてより以来、三十年餘、その義未《いま》だかつて欠けることあらざるを。前年に至り、しばらく、外姪あり、義に背き恩を忘れ、兵を興し境を犯す。公天に至り、奸を容れず、易《やす》く賊徒をして敗走せしむ。昨聞く、貴国各職、敬愛の心を存するを。商客の艚を禁じ、東京と交易せざれば、貴職の恩厚を感ぜん。貴職に恃《たの》む所、国王に奏し、これより以遠、係る貴国の商艚あれば、東京・清華・乂安等所に放つなかれ。ここに方物あり。貴職に寄与し、以て交隣の大義を表さん。ここにおいて手書す（原漢文）。

　計

　　琦楠一片大好　白絹拾疋

永祚十年四月二十五日

　　書押

ここに書かれている永祚十年は一六二八年（寛永五）にあたるから、受け取った茶屋四郎次郎とは、元和八年（一六二二）に亡くなった三代四郎次郎清次にかわり家督を継いだ四代四郎次郎道澄である。また安南国都統官も、阮潢が一六一三年（慶長十八）に没しているから、その後を嗣いだ六子の阮福源であることは明らかである。

源はこの中で、前年すなわち一六二七（永祚九）年に外姪が国境を侵犯したと述べているが、この義に背き、恩を忘れた外姪とは鄭柮《チンツァン》に相違ない。実際、この年、柮は五千の兵を率いて交趾へ侵攻したことから両軍は日麗海門で衝突し、源は大砲を用いて鄭軍を撃退した（『欽定越史通鑑綱目』）。そうした経緯があったから、鄭氏が支配する東京・清華・乂安などへ朱印船によって武器類が舶来されることを源は恐れていたのである。

同年月日付で家光にも同じ内容の国書が出されていることを考慮すれば、源は道澄の幕府に対する影響力を熟知した上で、口添えを依頼したとみて間違いないだろう。

道澄は、紀州茶屋家の茶屋宗清の子を養子に迎えて家督を相続させた。これが五代四郎次郎延宗である。道澄は寛永八年（一六三一）に没しているが、その翌年すなわち寛永九年にも阮福源から茶屋家に呈書（『異国日記』）があった。書面には、

安南国王大都統、

日本国中島氏に致詞す。貴職嘵達、窃《ひそ》かに聞く、諸国を雲遊、すなわち大賢の客と。曩《さき》に貴職艚船、其国に到るを見ゆ。我知る、貴職、もとより邦を通じ好を結び、すなわち交情を得んと欲するのみを。豈《あ》に我、巍蕩《ぎとう》の仁あり、よく感慕するに至らん者やいわんや貴職。また珍奇貴物あり。厚意かくの如し。我まさに何をもってかこれを称せん。こ

ここに薄物片辞により、もって親々の義を表さん。ここにおいて拝書す。恃む所、我鄭の外孫あり、貴府の厳禁に遵《したが》わざる係る各商船、硫黄・銅器を装載し彼の所へ往くを許すなかれ。かくのごとき語を誠にせば、甚だ多きを受賜せん。永堅胡越一家、丘山義重、聊《いささ》か簿物片辞により、希察を蒙らば幸いならん（原漢文）。

計

一信物五項　奇南壹片　沈香壹片　色緞貳疋　大紅領大貳疋　絹陸疋

永祚十四年五月十八日

とある。先の道澄宛の書翰と内容的には大差ないが、朱印船が硫黄や銅器を船載して鄭氏の領域へ渡航するのを厳禁されるように延宗にも要請している。「大賢之客」というような語句からも阮氏が茶屋家を特に高く評価していたことをうかがい知ることができ、実際にそれは道澄と延宗に贈られた奇南香《きなんこう》に表されているのである。

奇南香とは沈香の中でも最高級のものをいい、要するに伽羅のことをさす（山田憲太郎『東西香薬史』）。この伽羅は交趾をはじめとするインドシナ半島の特産で、クリストフォロ・ボルリは『交趾支那誌』（岡田章雄訳）で、

伽羅木はすべて国王の所有するところとなっている。その芳香とその価値によって高く

> 評価されているからである。……伽羅木はその採取される土地では一ポンド五デュカットの価格である。けれどもその取引の行われる交趾支那の港ではもっと高価をよび、一ポンド十六デュカット以下で売られることはない。日本では一ポンド二百デュカットの価格に達している。

と記しているように阮氏が管轄していて、一般的に入手すれば非常に高価であったことが知られる。具体的には、慶長十六年（一六一一）に長谷川藤広がチャンパへ送った書翰（『外蕃通書』）の一節に、

> 前日伽羅香百斤来る。吾邦白銀二十貫目を遣わす。何ぞ銀多くして、香の少なき哉。

とあり、伽羅一〇〇斤が銀二〇貫であったことが明らかである。銀二〇貫は金四〇〇両に相当するので、伽羅一斤はおよそ四両ということになる（辻善之助『増訂海外交通史話』）。家康も、チャンパ国王への国書（『外蕃通書』）において、

> 貴国において懇《ねんご》ろに求むる所は、域中上品の奇楠香なり。中下の沈香、陋邦亦之多し。

とあるように最高の伽羅を求めていたが、将軍家にでさえ献上されるのは一斤だけであった。つまり茶屋家には将軍と同量の伽羅が贈られていたことになり、それだけ阮氏にとっても幕府との仲介に欠かせない存在となっていたといえよう。

なお、茶屋の本家では、こうして贈られた伽羅を、惜しげもなく後水尾《ごみずのお》天皇の中宮東福門《とうふくもん》院《いん》（徳川秀忠の四女和子《まさこ》）に献上していた（『茶屋家旧記』）。もちろん、単に献上しただけでなく、このあと東福門院から、呉服師としての用命も受けており、茶屋家では呉服商としての仕事と貿易商としての仕事をうまくリンクさせていたようである。

茶屋新四郎の探官

先ほどの永祚十四年（一六三二）の書と同時に、茶屋家にはもう一通の書がもたらされていた。それが次の書（『異国日記』）である。そこには、

安南国王都統領徳大尊公、
申す。唐重々路遠のため、何物を取りて恩に報いん。恩に勝《た》えず。その内、茶屋新四郎探官、王都統領徳大尊公、小礼あり。絹税肆疋、日本国に寄せ、茶屋新四郎探官に就いて、任用を乞う。
王都領徳大尊公、その天心徳敬に随い、その交義順情を欲し、両国の交親愛慕を乞う。
年々往販、何心有ること無けん。願わくば書報有らんことを（原漢文）。
一、乞望恩事、

永祚拾肆年陸月初肆

と記されていた。内容は茶屋新四郎、すなわち尾州茶屋の二代良延の任官についてのことである。宛所がないので誰が受け取ったものであるか分からないが、おそらく本家の四郎次郎延宗が受け取ったのだろう。差し出した安南国王都統領徳大尊公については、よく分からない。ただ、道澄宛の書翰では阮福源が安南国大都統と称しており、それとは文体も月日も異なっているので、阮主のいる順化鎮営において認められたものではないだろう。とすれば、これは広南鎮営から出されたものと推測される。永祚十三年（一六三一）、広南鎮守だった阮福源の長子淇が死去し、源の三子渶が鎮守となっているから（『大南寔録』）、この徳大尊公は、広南鎮守になったばかりの渶であったのだろう。

「探官」が具体的に何を意味しているのかは分からない。ただ、家康の時代には活発に行われていた外交も、家光の時代になると将軍からばかりでなく、老中からも返書されることがなくなってしまった。交趾との実質的な外交を担っていたのは、茶屋家だけだったのである。阮氏は、茶屋家をただひとつ残された架け橋のように感じていたのではないだろうか。結果的に「探官」は実現しなかったようであるが、外交官のような期待を、尾州茶屋家に求めていたのではないかと思われる。

日本からの武器の輸出

寛永十二年（一六三五）、安南から茶屋四郎次郎延宗に次のような来書（『外蕃通書』）があった。

安南国、書を
日本国中島氏茶屋四郎次郎に達す。蓋し聞く、隣との交わりは信に止まると。昭然大学格言、遠きを柔らげ人に及ぶ。炳《あき》らかに、爾、中庸明訓、ここに本国艚南国に来たるを見ゆ。我、歓悦に勝えず。ある所の片書一札并信物、用いて誠心を表さん。係年、常に艚を遣わし来たりて販売し、以て両国修好を通じ、以て四海同仁を示す。茲後、或艚東京に到るも、且つ彼のところ我が国と、なお讐敵あるが如し。各貴物の如く、通行販売を許すも、係る硫黄・銅器并弾銃等物、該艚二官に恃む所、厳禁し、装載を許すなかれ。もしこの信を誠にすれば、我、多くを受賜せん。茲に書す（原漢文）。

計
一信三物三項　奇南香壹斤　大絹肆匹　酒參拾埕
徳隆七年四月二十四日

ここで語られているのは東京への渡航禁止からややトーンダウンした、東京への武器輸出禁止であった。阮氏がこのような要請しているのは、朱印船の舶載した武器が鄭氏の手に渡っていたためであろうことは容易に推測される。事実、これらの要請がなされたのは阮氏が鄭氏による侵攻を受けた直後のことであり、徳隆五年（一六三三）十一月にも、鄭梉が日麗海門に侵攻し、阮福源と戦っている（『欽定越史通鑑綱目』）。

幕府では、秀忠の時代から銃砲・刀剣・硫黄・硝石などの純然たる軍需品の輸出を禁止していたが（加藤榮一『幕藩制国家の形成と外国貿易』）、こうした阮氏からの再三に渡る要請にも関わらず、東京への朱印状の発給を停止することはしなかった。

たしかに、クリストフォロ・ボルリが『交趾支那誌』（岡田章雄訳）で、

> 日本とたえず通商を行っているので、交趾支那には夥《おびただ》しい刀がある。これは日本で作成される彎刀で、よく鍛錬されたものである。

と述べているように、日本から多量の刀剣が安南に渡っていたのは事実である。しかし、永祚九年（一六二七）の日麗海門の戦いで、阮氏は大砲によって勝利をおさめていた。こうした大砲は、難破船から奪い取ったものを含め多くはオランダやポルトガルが舶来したもので

あったから、朱印船の渡航を禁止しても意味がないと幕府では判断したものかもしれない。幕府は、別に、東京の鄭氏の肩をもっていたわけではなかったのである。

日本と東京との外交

南部の阮氏がすでに一六〇一年（慶長六）の時点で日本に親書を送っているのに比して、北部の鄭氏から直接将軍に送られるようになったのはかなり遅く、永祚六年（一六二四）五月二十日付の、徳川家光に対する鄭梉の次の国書（『異国日記』）が最初であった。

安南国大元帥統国政清都王、新たに本国を建てんがため、中興を恢復し、土宇版章、都一統に帰す。………聞くに

日本国主、年春方長、性徳寛賢、我兄弟の邦として結ばんと欲す。仁義道愛、先ず正義の名を以て相交を始めん。本国所産の貴財………

日本國主淳和奨学太政大臣日本大将軍源家光に寄与す。信をなし、千年の義を結ばん。

毫釐《ごうり》も爽《たが》うなかれ（原漢文）。

永祚六年五月廿日

とある。鄭梉は前年十一月に安南国王黎維祺《レズイキ》から清都王に封ぜられており、それがこの書を

日本に送る経緯となつたものであろう。安南（厳密には東京）の統一を果たしたことを告知し、方物を贈り日本との通交を求めている。文面は丁重であるが、文書の様式はといえば、家光に対して「殿下」のような尊称はなく、肩書も「日本国王」の代わりに「日本国主」としていた。ベトナム史でいう「主《チュア》」とは領主という意味にすぎず、「王《ヴォン》」とは根本的に相容れない概念である。これは、将軍である家光を日本の国王とは認めないという姿勢を示したものと理解できよう。加えて方物を贈呈するのではなく、「寄与」という文言を用いているが、それでも幕府は、

土井大炊殿御取成にて、将軍《（家光）》様より、安南国へ直の御返書遣わさるべきか、奉行衆の返書たるべきか、将軍様は大御所様へ上意を得べき由、御諚の旨申上候ところに、先例御尋ねになられ候間、相国《（家康）》様以来の書翰の留を書抜、即御目に懸け候、奉行の返書しかるべき旨、被　仰出之間、其下書上覧に備え候、案左に在り、又奉行衆は誰々の名を書き申すべきかと、重ねて上意を得候えば、雅楽頭、大炊頭、讃岐守しかるべき由仰出され候。

という理由、つまり家康の代には自身の名義で返書をしていたものの、その後には老中の名義による復書しか出されていないという故実を踏襲することで、秀忠の許可が得られ次第、

家光からの国書は送らずに、酒井忠世・土井利勝・酒井忠勝の三人の老中の連署を以て返書することにしたのである。

しかし、東京の鄭氏から将軍に国書が呈されたのは、今回が初めてであった。家康の時代に国書の往復をしていたのは、東京の鄭氏ではなく、交趾の阮氏だったのである。幕府では、両者の区別を明確に認識することができないまま、阮氏への返書の前例を参考にした上で鄭氏に対する返書の方法を決めてしまったことになる。ただこのとき、家光が返書しない理由を故実に求めていて、家光の肩書が「日本国主」であることや、家光に対する尊称が無いことなど、書札礼の問題点については全く言及されていなかった。

三年後の寛永四年（一六二七）にも鄭梉から家光に宛てて、国書（『異国日記』）が呈せられた。書式を崩さず、読み下しにして引用しよう。

安南国元帥統国政清都王、手書し、

日本国淳和奨学両院別当氏長者征夷大将軍源家光に達す。会暁、伝えて曰く、国人との交は信に止む、上年余書あり、日本国主に与う。………茲年に至り未だ信来るを見ず。信いずくに在るや。茲爾本国に回し、我書札をもって備え、爾国主に逓与せん。………茲年寄貢の絹広好拾匹、日本国主に頒与す（原漢文）。

永祚九年五月二十二日

という来書があったが、その様式は自国の「安南国」のみを擡頭《たいとう》させ、文言に関して言えば、やはり家光を「国主」と称し、安南の国書を「寄与」し、絹を「頒与」するという語句を用いている。そして最も重要な点は、枇が「茲年に至り未だ信来るを見ず。信いずくに在るや」というように、婉曲的に「日本国主」家光からの国書を要求していることであるが、前書に対する返書が家光によってなされずに老中連署で済まされたことに対する反発であったことは間違いない。書札礼の関係からしても枇が家光を対等以上の立場であると認識していたことを示すものであるといえよう。

これに対して幕府では

大炊殿・雅楽頭御両人、道春《どうしゅん》・永喜召連御出、東京より船便に言伝書を上候、一覧申すべき由、則去子（一六二四）の年捧候書の留書、次の丑の正月に奉行衆よりの返書の留書取出、引合吟味候也、今度の書以ての外無礼之間、取次も如何、進物も上げまじきかとの儀也、此書は只餘所へ音信を遣す覚書の様成物にて候間、其通可被仰上由申也。

と、林羅山・永喜兄弟と以心崇伝とが協議した結果、贈答品とともに当書を家光には披露しないことを決めている。その理由は、国書の内容が無礼であるとみなしたためであったが、家光を「日本国主」とし、尊称も付さず、用いている文言も前書と同様であったから、具体的にここで「以ての外無礼」とするのは安南のみの一字擡頭にあったことは間違いないだろう。

　擡頭とは、文書の文中に「皇帝」とか「国王」など敬意を表すべき文字がでた場合に、改行したうえでさらに一字ないし二字分をあげて書くという書式である。柮は自分の国である安南だけを擡頭させておきながら、日本に対しては擡頭させていない。改行して行頭におくるやや薄礼な平出《へいしゅつ》という書式もあったが、しかし、その平出さえ最初の「日本国」に対して行われているだけで、「日本国主」にはその平出さえもされていなかった。

　日本に対する書中において、相手国である「日本」に敬意を表さないばかりか、自国の「安南」のみを擡頭させたことは、安南の優越性を示す自意識にほかならない。ではいったい、鄭氏は何に優位性を意識していたのだろうか。名目上、安南には鄭氏の上に国王が存在し、日本においても徳川氏の上に天皇が存在しており、両者の国内的な立場に違いはなかったはずである。

　この点、安南が古来より儒教を基礎とした科挙制度を積極的に施行し、明と同等の文明国であると自認する華夷思想を潜在させていたという指摘は傾聴に値しよう（酒寄雅志「華夷思想の諸相」『アジアのなかの日本史Ⅴ―自意識と相互理解―』)。日本では科挙制度は取り入れられておらず、武官である武士が支配階級として政治を行っていた。このことが文明的でないとみなされたのかもしれない。

国と国同士の外交は、「敵礼《てきれい》」すなわち礼に敵《かな》うことが重要とされている。それは、対等の者同士が国書の往復をするという外交上のルールだったからである。東京からの国書がその敵礼に反するとみなされた以上、日本から返書することができなかったのは当然のことだろう。

この後、東京への復書が二度と出されることは無かった。そして、鄭氏と阮氏との対立という状況を正確に把握していなかった幕府は、同時に交趾に対しても将軍からの返書を停止している。これにより、茶屋家の奔走もむなしく、安南との外交は「鎖国」を待たずに断絶することになってしまったのである。

第五章　その後の茶屋家

家康の発病と茶屋四郎次郎清次

茶屋家の朱印船貿易を追って寛永期まで話が進んでしまったが、ここで、三代茶屋四郎次郎清次と家康の最後のかかわりとなった例の「鯛のてんぷら」の一件にふれることにしよう。「例の」という形で、家康が、茶屋四郎次郎清次が勧める鯛のてんぷらを食べ、それがもとで発病したことが周知のことであるかのように書いてしまったが、静岡県民にとっては常識となっている「鯛のてんぷら」の一件は、意外と天下周知のことではないようなのである。それは、江戸幕府が編纂した徳川家および幕府の正史である『徳川実紀』の記載にもあらわれている。

家康の伝記部分「東照宮御実紀」では、その巻十のところに、

翌年《（元和二年）》の正月廿一日　大御所駿河の田中に鷹狩せさせ給ひしに、その夜はからずも御心ち例ならず悩ませ給ひ、急ぎ駿府に帰らせ給ふ。

とあり、元和二年（一六一六）一月二十一日に、駿河の田中（静岡県藤枝市田中）で鷹狩を

楽しみ、その夜、田中城に泊まっていたとき発病したことを伝えているが、原因については何も記されていない。

この点は、秀忠の伝記である「台徳院殿御実紀」も同じで、その巻四十一のところに、

廿一日駿府にては　大御所田中へ放鷹し給ふ。宰相頼宣卿、少将頼房朝臣も陪従せらる。しかるに、俄に御心地例ならずなやみ給へばとて、医官片山《かたやま》與《よ》安《あん》宗哲《そうてつ》御薬を奉る。

と、ややくわしい記述があるものの、やはり、発病の原因については書かれていない。『徳川実紀』は、附録のところで関連するエピソードが記されることが多いが、「鯛のてんぷら」のことも、茶屋四郎次郎のこともどこにもでてこない。

では、茶屋四郎次郎が、家康に鯛のてんぷらを勧めたというのは、どのような史料がもとになったのであろうか。よく引きあいに出される史料は二つある。一つは『元和年録』で、茶屋四郎次郎が家康に拝謁し、上方での情報を報告したついでに、「京都でちかごろ珍しい料理がはやっています」と世間話をしている中で、鯛のてんぷらを紹介しているのである。すなわち、

……茶屋申し上げ候は、鯛を胡麻の油にて揚げ候て、ひる《(蒜)》をすりかけ候て下され候。比類なき風味よく御座候由、御物語申し上げ候。その日、榊原内記方より大鯛二本、甘

鯛三本献せしむ。則ち右の料理仰せつけられ、あがり候へば、殊の外風味よく候て、御機嫌よく、鯛をつねより多く召し上がられ候へば、二時ほど過ぎ候て、御虫痛み申し候間、御食傷気御座候。

とあるように、おいしくて、つい食べすぎてしまったらしい。

もう一つの史料は『武徳編年集成』で、やはり、元和二年一月二十一日の記事としてつぎのようにみえる。

廿一日、神君顧眄《こべん》ヲ蒙ル呉服師茶屋四郎次郎道晴（清次）、洛陽ヨリ駿府ヘ下向シテ拝謁ヲ遂ル所ニ、神君、京・大坂ノ事御尋アリ。道晴聊カ異変ナシ、商買無為ノ化ニ誇リ、酒茶宴ニ耽ル。且鮮鯛ヲ切テ柏ノ油ヲ以テ煎徹シ、又蒜《ひる》トシテ韮ヲ摺掛、其佳味ヲ嗜ミ食フ由ヲ妄リニ演説スル處、榊原内記清久ガ久能浜ノ鯛二喉ヲ献ジケレバ、則右ノ通ヲ官厨ヘ仰セ、御賞味ノ上、田中ノ城ヘ渡御。近辺御放鷹アリテ、秉燭《へいしょく》ノ頃、彼城迄デ　還御ノ所御腹痛甚シク、片山與庵法印ヲ召ケレトモ、他行シテ具往處ヲ弁ヘズ。時ニ万病圓ヲ御用ヒ、落合小平次道次ヲ以テ東武ヘ御病悩ヲ告ラル。

これによって、家康が、京で流行しているという胡麻の油か柏（榧《かや》とも）の油かちがいはあるものの、鯛を油で揚げたものに、蒜または韮をすりかけて食べたことがわかる。

『武徳編年集成』の方に、「鮮鯛ヲ切テ」とあるように、鯛を適当な大きさに切って油で揚げていたようである。石川寛子編著『食生活と文化―食のあゆみ―』によれば、このころ、南蛮料理として、鮮魚を油で揚げる調理法が流行したようである。ちなみに、『鯛百珍料理秘密箱』(『江戸時代料理本集成』)によると、鯛のてんぷらは、鯛を三枚におろし、葛をまぶし、榧の油で揚げるとしている。てんぷらといっても、今日、われわれがふつうに食べる衣がついたてんぷらではないようである。

一説には、家康が食べたのは、鯛のすり身を油で揚げた、いまでいうさつま揚げではないかともいう。また、『武徳編年集成』では久能浜の鯛とされているが、興津鯛という説もあり、詳細についてはよくわからない。

ただ、いずれにせよ、茶屋四郎次郎清次が、京都ではやっていた鯛のてんぷらを家康に紹介し、おいしさのあまり、食べすぎてしまったのが原因だったらしいことがわかる。

この日、家康は昼間一日中、外で鷹狩りをやっていた。旧暦の一月二十一日はいまの暦では二月末から三月のはじめで、戸外はまだ寒い。家康は、外で体が冷えきって田中城にもどってきたところ、油の多い料理を食べすぎて、消化不良をおこしてしまったのではないかと考えられる。単なる食あたりとか食中毒というのとはちがうのではなかろうか。

仮に、鯛のてんぷらだけが死因だったならば、家康の命を縮めてしまったということで、茶屋四郎次郎にも何らかのおとがめがあってもおかしくはない。おとがめはなく、それ以前にまして茶屋家の人びとが将軍家から優遇されているのをみると、鯛のてんぷらだけが発病の原因ではなかったことは明らかである。

なお、家康の死因については、胃ガン説も有力で、もしかしたら、鯛のてんぷらは、それまでかろうじてバランスが保たれていた健康状態が急激に悪化する引き金になってしまったのかもしれない。

その後の様子については、当時、駿府にいた家康側近の禅僧以心崇伝が、京都所司代の板倉勝重に送った正月二十三日付の手紙（『本光国師日記』）にくわしい。主要部分を引用しておこう。

………大御所様、廿一日に御鷹野のため田中へ成らせられて候。其夜丑の刻（午前二時）時分、俄に御虫差しおこり、御痰つまり候。御煩なされ候。廿二日早々駿府へ注進候。我等式藤泉州（藤堂高虎）同道申し、田中へ午刻（正午）時分馳せ参じ候処、則ち御前へ召させられ、最早すきとよくならせられ候。御痰つまり申候様態など、こま〴〵と仰せ聞かせられ、万病圓卅粒ばかり、ぎんえきたん十粒ばかり参り候て、御験気にならせられ候由御諚なされ候。早速御快気、万々目出度し共、中々申すばかりなく候。

これでみると回復したようにうけとられるが、実際は一進一退で、段々衰弱していったのである。

家康は、よく知られるように、自ら漢方薬を調合していた。侍医の片山宗哲がいたが、自己診断と宗哲のみたての意見があわず、機嫌を損じた家康が宗哲を信濃の諏訪に配流するという一幕もあった。結局、四月十七日、家康は駿府城で息を引きとる。享年七十五であった。

大航海時代から「鎖国」へ

家康の死が契機というわけではないが、その後、家康があれだけ力を入れた朱印船貿易が禁止されていくことになる。そのプロセスを具体的に追いかけることにするが、その前に、従来から鎖国といわれていることを、ここで、わざとカッコをつけて「鎖国」と表現していることについて若干の説明を加えておきたい。

幕末に開国という動きがあるので、その対句として必然的に鎖国という表現が使われることになるが、最近の研究動向は、「鎖国というい方をしてしまうと誤解を招く」として、できるだけ、鎖国といわない方向へ進んでいる。

では、鎖国という表現を使わずに、寛永期の幕府による対外貿易抑圧、さらには在外日本人の帰国を禁じたあの一連の政策は何だったのかということになるが、従来の鎖国に代わって「幕府の貿易独占と海禁政策」といういい方が一般化している。

幕府政治が安定しはじめた三代将軍家光のころになると、幕藩体制の永続化のため、将来、対抗勢力になるであろう有力大名の力がより強大になることは避けたいという思いが強くなった。実際、朱印船貿易による収入は莫大なものがあり、しかも、大名が船主、すなわち派船者になっている例をみると、関ヶ原の戦いで東軍に属したが豊臣恩顧の思いを強くもつ加藤氏・細川氏、関ヶ原の戦いでは西軍に属した島津氏など、九州の有力大名が含まれていた。

幕府としても、それを放置しておくわけにはいかなくなったのである。つまり、大名の財政を窮乏化させ、そのことによって、徳川家に対して謀反をおこさせないようにする必要があったわけである。もちろん、幕府はそのあたりを計算して、諸大名に、江戸城・駿府城・名古屋城・大坂城などの築城工事を天下普請にして、大名を動員し、その財政力を殺ごうとしたわけであるが、貿易による利潤がそれを上まわってしまったのでは元も子もない。要するに、家光は、大名統制策の一環として「鎖国」に取りくんだというわけである。

ただ、当時の諸外国の動きをみると、それだけではなかったことにも気づかされる。具体

東インド会社の大砲

的にいえば、オランダとの関係である。
　オランダは一五八一年、イスパニア（スペイン）から独立したばかりだったが、一六〇二年、オランダ東インド会社を設立し、積極的に東南アジア貿易に乗り出していった。実は、日本の「鎖国」は、このオランダがもくろむ対日貿易独占の罠にはまってしまったという側面もあったのである。
　オランダ側は、東南アジア貿易を独占する形だったポルトガルの商圏にくいこむため、日本に目をつけ、ポルトガル商人とキリスト教宣教師との密接な関係を幕府に喧伝し、キリスト教禁止にふみきっていた幕府がそれに乗せられ、ポルトガルとの断交に向かっていったことはたしかである。つまり、イスパニアやポルトガルのようなカトリック国ほどの宗教に対する思いいれのないオランダが、キリシタン弾圧を国是とする幕府にとって、貿易相手国としてうってつけだったのである。
　もっとも、幕府が「鎖国」にふみきった理由はそれだけでなく、銀の流失を防ぐねらいもあった。一二七ページでみたように、当時、日本産出の銀は世界の三分の一を占めていた。ポルトガルとの貿易では、銀がどんどん流失していってしまったのである。要するに、幕府は、「鎖国」によって、それ以上の銀の流失にストップをかけようとしたことになる。

このようにみてくると、「鎖国」というよりは、正しくは貿易保護主義であり、したがって、その政策は貿易保護政策ということになり、前述したような海禁政策といった表現になるものと思われる。

事実、幕府は国を閉ざしてしまったわけではなく、長崎（出島）・薩摩（坊の津）・対馬・松前の四つを窓口にして世界とつながっていた。琉球との窓口となったのが薩摩、朝鮮との窓口となったのが対馬である。

では、このような幕府による貿易独占と海禁政策が、どうして鎖国と表現されたのか。そもそも、鎖国とは、誰がいつからいいはじめたのだろうか。

この点について、どうやら、鎖国という言葉をはじめて使ったのは江戸後期の蘭学者志筑《しづき》忠雄《ただお》らしい。志筑は長崎でオランダ語の通詞をつとめていて、彼が、ケンペルの著書『日本誌』のオランダ語訳本を翻訳（抄訳）したとき、それに『鎖国論』という表現をつけており、現在までのところ、これが、鎖国という言葉を使った最初ではないかとされている。ちなみに、『鎖国論』が出たのは享和元年（一八〇一）であり、すでに十九世紀に入っていたのである。

おそらく、幕府の対外政策に批判的な考えをもっていた志筑が、幕府批判の意味もこめて鎖国という言葉を使ったのであろう。たしかに、このあとくわしく述べる寛永十年（一六三三）から同十八年にかけての「鎖国」に至る一連の動きを、幕府自身は一度も鎖国と表現していないのである。

また、「鎖国」というと、われわれはどうしても日本にとってマイナスだととらえてしまう傾向がある。それは、和辻哲郎氏の名著『鎖国』がすぐ念頭に浮かび、その副題「日本の悲劇」が影響しているものと思われる。しかし、この点も、最近、たとえば大石慎三郎氏が『江戸時代』の中で、鎖国というのは、一度とりこまれた世界史のしがらみから、日本が離脱することではなく、圧倒的な西欧諸国との軍事力（文明力）落差のもとで、日本が主体的に世界と接触するための手段であったとし、むしろわが国の世界への開国の手段だったとする見解を提起しており、「鎖国」とは何であったかを考える上で一つの材料を提供している。

そこで、以下、具体的に「鎖国」への流れを追いながら、そこでの茶屋家の動向を追うことにしたい。

「鎖国」への動きと茶屋家

茶屋家の朱印船貿易は慶長十七年（一六一二）に開始され、寛永十二年（一六三五）に日本人の渡航が禁止された時点で終焉をみているが、幕府の統制政策の中で常に例外を認められていた茶屋家のような特権商人にも禁令が及んだことは、貿易の完全な統制を意味するものであることは間違いない。さかのぼってみると、江戸幕府の朱印船制度そのものが統制を目的として創設されたことは周知の事実であり、そうした点からすると朱印船貿易の歴史は、統制の歴史であるといえるかもしれない。

博多の豪商神屋宗湛や島井宗室などは家康から朱印状の交付を却下されていて、これは博多商人が豊臣方とみなされていたことからきた一つの貿易政策であったといわれている（中田易直『近世対外関係史の研究』）。さらに慶長十四年（一六〇九）九月には、『当代記』に、

西国大名等、近年大船を拵え置き、是自然の時大軍を催し上がるべき歟の由と云々、之によって此舟ともを駿府より破却有るべき由に曰く、先づ淡路国江寄せらるべしと也。

とあり、五〇〇石積以上の大型船の保有を禁じられた西国大名は、その後は必然的に朱印船の派船も不可能になったのである。この軍事目的による法令が、実は西国大名の貿易による

利益を抑制しようとした幕府の措置であることはよくいわれることであり、これはすなわち統制が大名にまで及んだことを示している。

『寛明日記』寛永八年（一六三一）六月二十日の条には、

御朱印ニテ異国ニ渡海仕者ノ分、重而商舶お異国へ差渡すにおいては、竹中采女正方へ当年ヨリ奉書指副えるべきノ旨、兼而御治定也。

というように、朱印船を派船する場合には朱印状の他に老中の奉書を添えて、長崎奉行竹中《たけなか》采女正《うねめのかみ》のもとに送り届ける由が通達されたことが記されている。同様のことがウィルレム・ヤンセンの日記一六三一年（寛永八）七月十二日の条（『平戸オランダ商館の日記』）にも、

角左衛門殿は語った。これまで皇帝の朱印状を得て航行していた者だけ、彼等のジャンク船を用意し、航行することが許された。ただしタイオワン（台湾の台南）だけは別で、これを要求した平蔵殿の息子には許可されなかった。この理由について彼は我々に述べなかった。そして皇帝の朱印状だけではなく、閣老の書簡を携行せねばならない。この書簡は皇帝の朱印状と同じ価値のあるものと考えられ、これを犯してはならない由。

とある。幕府や老中と何等かのつながりがなければ奉書が下付されることはなくなり、朱印船貿易への統制がさらに強化されることになったことがわかる。

この点について、従来は、将軍の出した朱印状のほかに、老中の奉書を必要とした理由として、岩生成一氏が『鎖国』で述べたこと、すなわち、様々な脱法行為が行われたため、それを取り締まるためととらえてきた。その後、一六二八年、シャムのアユタヤ港外でおきた一つの事件が契機となったとする見解が出され、注目されているので、ここで少しふれておきたい。

アユタヤ外国人町

（ケンペル「日本史」所収アユタヤ古図〔1690年〕その他により作成）

アユタヤには、上の図に示したように日本人町があった。そのころの日本人町の頭領は山田長政であり、すでにアユタヤ王朝から、オークプラ・セーナピモックという官位を与えられ、シャム国王からの信頼も得ていたのである。

ところが、そのアユタヤで、朱印状をもった朱印船がイスパニア艦隊に拿捕《だほ》され、所持していた朱印状が奪われてしまったのである。このことを重くみた幕府は、長崎にきたポルトガル船を抑留している。これはいうまでもなく、捕縛され、朱印状を奪われたことに対する報復であった。イスパニア艦隊に拿捕されたのに、その報復としてなぜポルトガル船が抑留されたかといえば、当時、ポルトガルがイスパニア国王の支配下にあったからである。

藤井讓治氏は『江戸幕府』（集英社版『日本の歴史』12）の中で、この事件が奉書船制度の創始に関係したとみている。つまり、将軍の出した朱印状が奪われるということは、将軍の権威を傷つけることであり、それを防ぐ必要があった。幕府は、朱印状の発行とともに長崎奉行宛の老中奉書を出し、その指示によって長崎奉行から渡航許可状を発行する制度、すなわち奉書船制度に生まれたとする。首肯できる結論で、これも、奉書船制度創始の理由にカウントしてよいものと思われる。

ところで、その後の動きとして注目されるのは、寛永十年（一六三三）二月、家光が、新しく任命した長崎奉行の二人、今村正長《いまむらまさなが》と曾我古祐《そがひさすけ》の二人に、長崎奉行としての職務規程ともいうべき十七か条の条目（『憲教類典』）を与えていることである。従来は、これをもって「第一次鎖国令」などといってきたが、世間一般に周知させたものではなく、あくまで長崎奉行の二人に示したものなので、鎖国令とするのはあたらないとする考えの方が強くなっている。

その内容をみると、第一条で、

一、異国江奉書船の外、舟遣わし候儀、堅く停止《ちょうじ》の事。

とあるように、奉書船以外の海外渡航の禁止を幕府の施政の方針として明確に打ち出している。これは奉書船制度を厳密化すると同時に、一部の代官や豪商を除けば実質的に朱印船貿易を行うことが禁止されたことを示しているといえよう。

具体的には、オランダ商館の商務員フランソワ・カロンの日記一六三四年（寛永十一）二月七日の条（『平戸オランダ商館の日記』）に次のように記されている。

イギリス人アダムスの息子―今は皇帝の兵士となり、三浦按針《みうらあんじん》と呼ばれる―が訪ねて来た。彼から次の話を聞いた。古くからの慣例により、毎年朱印状を受けている七人の人々（彼もその中の一人である）が、今年も変わりなく朱印状を受け取った。これは第十二の月（我々の月一六三四年一月に当たる）に彼等に渡された。

これ等の人々は次の通りである。

平野藤次郎
末吉孫左衛門 } トンキン

茶屋四郎次郎
末次平蔵 } 交趾シナ

橋本十左衛門
三浦按針 ｝カンボジア

七日には角倉―彼のジャンク船は昨年トンキンにとどまった―は三人の主要な閣老雅楽殿、大炊殿、讃岐殿の署名した朱印状を得たが、彼はこれを長崎までしか携行しないだろう。そして、これを同地で皇帝の奉行二人に渡し、それと引換えに、奉行は再び通航許可証を渡し、彼等はこれをジャンク船で海上に携行するのである。即ち皇帝も閣老も、今後彼等の朱印状を（かつてマニラのスペイン人がこれを粗末に扱ったので）海上或いは外国に携行するのを、許さぬことにしたからである。

朱印状を求めた人は多数あったが、さきの七人しか得ることが出来なかった。朱印状の希望者達は拒絶された人も、これを得た人も、大部分はシャムかタイオワンに行きたいと請願したが、ここに見られる様に、これは却下された。

つまり、結果的に茶屋延宗、角倉与一、平野藤次郎、末吉孫左衛門、二代末次平蔵、二代三浦按針、橋本十左衛門といった七人のほかには朱印状が下付されなかったことが明らかとなる。すべて幕府とは何らかの縁故を有する家であったが、茶屋家の場合も、初代清延の活躍や、その後二代清忠、三代清次が公儀御用達の呉服師として、さらには側近として将軍家に仕えていたことから、四代道澄、そしてこの五代延宗の時代まで朱印船の派船が許可されていたものとみることができる。

だが、その翌年には、オランダ商館長ニコラス・クーケバッケルの日記一六三五年（寛永十二）三月の条（『オランダ商館長の日記』）には以下のように伝えられている。

我々の当地並びに大坂での滞在中に、我々は様々の商人たちから、次のことを聞いた。すなわち、数日前のことであるが、宮廷から（閣僚のフォッタ・カンガ《（堀田加賀守正盛）》殿、マツェンデイロ・インシン《（松平伊豆守信綱）》殿、及びアベノ・ビンゴ《（阿部豊後守忠秋）》殿により署名され、日本の第一月の第九日附の）手紙が幾通も、長崎でトンキン《（東京）》とコウチェンシナ《（交趾シナ）》への出発の準備をしていた商人たちすなわちジャンク船の船主たち―その中にはフィラノ・トイセロ《（平野藤次郎）》殿、シモノクラ《（角倉）》、及びヤイヤ《（茶屋）》がいる由―のところに届いたが、その中で殿下等はこれらの船主に向って、皇帝陛下が次の人々に対して抱いている不満について書いている由。すなわちトンキンに行く人々に対しては、ここ数年来、武器が持出されたが、そこへ航行する人々によって持ち帰られることなく、かの地で売却されてしまったことが不満であり、コウチェンシナに行く人々に対しては、上記の国ではマカオやマニラから来る人々が毎年取引に従事しており、日本人も同地からマカオに向って出発し、またこのような、或いは類似の方法で、〔人々は〕日本人をキリスト教徒にするのに怠りないどころか、常に盡力しているのであり、その上、日本にある宣教師たちを援助するため、かなりの金額が〔そこから〕秘かに運ばれ得ることが不満なのである。宮廷からの命令がそのようだったため、サイヤ・ソイセロ《（茶屋四郎次郎）》殿のジャンク船はコウチェンシナに、またアン《（按針）》へのそれはカンボイアに向け出発しないこととなった。前年皇帝から渡航許可証を得ていたにもかかわらず、彼等もまた彼等の航海の企てを挫かれたのである、と。

長い引用になってしまったが、要は、家光の意向により、出航の準備をしていた茶屋延宗の派船が結局許可されなかったということになる。特筆すべきは、その理由として東京《ドンキン》に渡海する朱印船によって武器が密輸されていたためであるとされている点である。この武器がいかなるものであるのかは明記されていないものの、岩生成一氏がその著『鎖国』の中で訳出されているような銃器ではないと思われる。宇田川武久氏の『東アジア兵器交流史の研究—十五〜十七世紀における兵器の受容と伝播—』でも述べられているように、種子島銃に代表される日本の銃器は、文禄・慶長の役の際にも朝鮮国が投降した日本人から積極的に技術を学んでいたほど、当時の一級品であったことは間違いない。しかし、クリストフォロ・ボルリも記しているように、阮《グエン》氏は日本とオランダからそれぞれ刀剣、大砲を輸入していたのであるから、鄭《チン》氏の支配する東京にも日本の刀剣が密輸されていたと考えるのが妥当なのではないだろうか。

幕府はすでにこの前年、「長崎制札」（『憲教類典』）によって、「日本の武具異国江持渡事」を禁止していたが、おそらくは厳守されていなかったものと推察される。安南《アンナム》においては、一六二七年を境に東京の鄭氏と交趾の阮氏との内戦が激化していたため、刀剣を中心とした武器がその需要に応じて密輸されていたものとみて間違いあるまい。ただこの場合、幕府と阮氏とは茶屋家の仲介もあって友好関係にあったから、武器が交趾へ輸出されるだけなら問題はなかったはずである。

しかし、占城《チャンパ》（ベトナム南部）への朱印状を携えた有馬晴信の朱印船がマカオに入港してポルトガルと争い死傷者をだしたように、朱印船が確かにその宛先に渡航したのかについて幕府は把握できなかったのが実情である。朱印状に加えて奉書の取得も義務付けることによって、朱印船主を幕府縁故の者に限定し、その動向を確認することができるようにしたとも考えられるが、それでも船員の中には密輸するものがいたのだろう。朱印船が国外に渡航している限りは根本的な解決にはならないと考えて、最終的に茶屋家をはじめとする特権商人の派船が不可能になるにしても、幕府としては例外を排して朱印船の渡海を禁じたものと思われる。阮福源《グエンフックゲン》は日本に対して友好関係の継続を伝えると同時に、朱印船の東京への渡海禁止を要請していたところ、皮肉なことに朱印船制度が廃止され、国交が断絶してはじめてその要望が叶えられたのである。

同様の記述がフランソワ・カロンの『日本大王国志』（幸田成友訳）にも、

皇帝は種々に観察し考慮したうえ一旦与えた旅券を引上げ、日本臣民たる者外国に行くべからずと命ずるに至った。その理由としては人々の説く所在の如し。……他の理由は武器の外国に輸出せられざるためである（航海を許せば禁止困難なり）。武器の輸出は重刑に値す。三年前平戸において父子二人の支那人が（親が武器輸出を計画したため）十字架に懸けられ、五人の日本人（何のためということを知らず、単に武器を売却した）が斬首となった。最後の、そうして最も主な理由は、外国へ行く臣民が耶蘇教の信仰に染まぬためであり、また帰朝してこれを伝播せぬためである。

とみられるが、日本人の海外渡航を禁止することになった一つの理由として、ここでも武器の輸出を阻止するためであったと述べられている。カロンはさらに同右書で、

皇帝の名誉は高大で外国人によって寸毫なりと傷つけられるを欲せざること、及び外国における彼の臣民に対し近年暹羅《シャム》において国王から、また台湾において長官から、捕縛

と迫害とによって加えられたような侮辱を忍び得ざることによると。

というように、暹羅すなわちシャムや台湾で受けた屈辱やそれにより家光の名誉が傷つけられるのを許容できなかったのも理由の一つであると記している。それは実際のことだったのだろうか。ここでは、比較的史料が豊富なシャムとの関係を例に、少しくわしくみておくことにしたい。

シャムとの国交断絶とその波紋

山田長政がアユタヤ王朝のソングタム王の知遇を得、政府の高官となり、また、義勇軍の隊長として活躍したことはよく知られている。最終的にはシャムの一地方であるリゴールの王にまでなったが、一六三〇年八月末ないし九月上旬に毒殺されてしまった。

しかも、そのあと、アユタヤの日本人町は、新しく王となったプラサート・トーンによって焼き討ちされているのである。実は、アユタヤには、長政がリゴール王となってアユタヤを離れたあとも日本人町は存続し、貿易船の出入りはあった。では、どうして焼き討ちという事態を迎えてしまったのだろうか。

これについては、史料によって二つの解釈に分かれる。一つは、オランダ側史料に依拠するもので、長政が毒殺されたあと、長政についてリゴールに赴いていた日本人が一人二人とアユタヤ日本人町に戻ってきたが、長政毒殺の仕懸人であるプラサート・トーン王に復讐するという動きがあり、いわば、先制攻撃的に日本人町を焼き討ちしたとする。

たとえば、一六三一年十月十七日（寛永八年九月二十二日）付シャム発ダニール・ファン・フリートより総督ヤック・スペックスに送った書翰（村上直次郎訳）には、

………日本人は舌長く、当地の陛下に対して思慮のない悪言を流布した故、命令によって、昨年、その財産は大部分没収され、住居は焼払われ、戦いながら河口に赴いて（乗組人がないためジャンク船一艘は当地に残し、他の一艘に乗って）脱出した。始めはリゴールに遁れる考えであったが、土人の反抗に遭って進路をカンボジアに転じた。彼等は当地に於いて（日本オークプラ《（山田長政）》の死後）陛下と隔意を生じたが、カンボジアに於いては国王が彼等と心を一つにし、その到着の際には門前に迎えるという程であった。

とあり、「当地の陛下」、すなわち新しく王となったプラサート・トーンの悪口を日本人がはいたので、日本人町を焼いたとしている。ここに、「昨年」とあるので、アユタヤ日本人町が焼き討ちされたのが一六三〇年だということがわかる。

『バタビア城日誌』にも同じ様に、プラサート・トーン王が日本人に襲撃されるのを心配

し、四〇〇〇人で日本人町を襲ったことを記している。同書も、焼き討ちのあった月日については記載していないが、やはり、一六三〇年だったことについては一致している。

もう一つは、ロン・サヤマナンの著わした『タイの歴史』で、

………王は、日本国の将軍が彼を王と認める事を拒否し、王の使節を受け入れなかった事を憤慨していた。これらの事を考え、王は自分に協力しない日本人を撲滅しようと決心した。一六三二年の洪水期に、王の軍隊は、突如日本人居留地に夜襲をかけ、大部分の日本人を殺したが、一部はボートでカンボジアに脱出した。

と述べている部分である。ここに「王」と出てくるのがプラサート・トーンであり、彼が将軍家光から王と認められなかったことに憤慨して日本人町に焼き討ちをかけたとする。

なお、ここに、焼き討ちのあった年を一六三二年としているが、これはまちがいで、エレミヤス・ファン・フリートの『十七世紀に於けるタイ国革命史話』(村上直次郎訳)に、

陛下は彼等の悪計と決死の心を伝え聞き、突然一六三〇年十月二十六日夜中(アユタヤ市の附近の地は河水が溢れたため浸水していた)、日本人居住区に火を放ち、大砲を打ち込んだため、彼等はジャンク船に退却するの止むなきに至った。そして、ジャンク船二艘を武装すること能わず、一艘に乗って戦いながら河を下った。国王は敵を追撃させ、

多数の暹羅人を失って彼等を国外に追出した。アユタヤの市に留まりまたは商業を営むために内地に行っていたものは、捜索してあるいは投獄し、あるいは殺した。

とあるので、一六三〇年十月二十六日の夜だったことがわかる。

では、プラサート・トーン王の先制攻撃なのか、家光から王として認定されなかったことに対する報復だったのだろうか。そのあたりを考えていく上で一つヒントを与えてくれるのが、つぎに引用する、一六三一年七月十八日(寛永八年六月十九日)付、平戸商館長より、江戸滞在中のウィルレム・ヤンセンに送った書翰(村上直次郎訳)である。そこには、

暹羅のオプラのジャンク船が薩摩に着いたが、今はすでに長崎に在ると聞いた。予はファン・サンフォールト君に書翰を送って、暹羅に於ける殺戮の確報を知らせることを頼んだ故、その返答を得て、貴下に一切を通知する。当地には種々の報が伝わって、婦女小児は悲嘆しているが、確実な事は何も知ることが出来ない。我等の聞いた所では、ピーテル・ヤンスゾーンは最後の殺戮が行われた時には、我が船を訪問していたので、其処に留ったが、その荷物はことごとくジャンク船に残してあった。確実な事は今後貴下に報告する。暹羅の日本人はことごとく殺され、少くも生命を存するものは皆追放されたようである。是は暹羅人の行った神聖な事業で、会社には何の損害も及ぼすまい。

とみえる。

ここで注目されるのは、プラサート・トーンによるアユタヤ日本人町焼き討ちのニュースが平戸に伝わったのが一六三一年七月（日本の暦では六月）だったという点である。これがアユタヤ日本人町焼き討ちを伝える一番早い情報だったのではないかと思われる。そして、これが江戸にまで伝わるにはさらに時間がかかる。

平戸商館長からの報告を受けとった江戸滞在中のウィルレム・ヤンセンは、それをすぐ老中に伝えたであろう。さらに、それと前後して、プラサート・トーンの使節も江戸城に到着し、国書を将軍家光に奉呈していたことが、以心崇伝の『本光国師日記』から読みとれるのである。

『本光国師日記』によると、寛永八年（一六三一）十二月二十八日に、崇伝は江戸城に登城したが、そこで、シャムからの国書をみせられた。シャム語で書かれていたので、林羅山・林東舟《とうしゅう》と崇伝の三人でそれをながめ、シャム語を漢字に翻訳している。崇伝は『本光国師日記』の中で、「山田仁左衛門病死、其養子功(巧)謀逆候様成文体……」と記しているので、どうやら、プラサート・トーンは、日本への国書の中で、「山田長政は病死した。その養子が謀反を企んだので殺された」と報告していたらしい。

事態の重大さにびっくりした崇伝は、すぐさま長崎奉行の竹中采女正をよんで、長崎にもたらされているシャムの状況を聞いたが、どうやら、日本人がすべて追放されたらしいという情報を得たようである。その後、幕閣が集まり善後策を協議したが、結論として、プラサート・トーンの国書に対する返書は出さないことが決められた。

ということは、先に二つの解釈があるとして紹介した、ロン・サヤマナンの『タイの歴史』にみえる考え方、すなわち、「日本国の将軍が彼を王と認める事を拒否し、王の使節を受け入れなかった事を憤慨していた」というのが理由ではなかったことになる。そして、この結果、日本とシャムの国交は断絶することになった。

また、一六二四年（寛永元）以降オランダが占領していた台湾では、取り引きする中国船と朱印船に課税をしたのに対して、日本はオランダの台湾での主権を認めずに納税を拒否したことから、オランダの台湾長官ピーテル・ノイツと浜田弥兵衛との間に抗争が起きている（幸田成友『日欧通交史』）。

寛永期の朱印船の主要な渡航先は、交趾、東京、暹羅、柬埔寨、呂宋、台湾の六か所であった。そのうち交趾と東京は武器の密輸に関して、暹羅と台湾は国交に関して、呂宋は禁教に関してというように幕府にとっては障害を抱えていたことになる。そのうえ、ヨーロッパ各国の出現によって従来からの貿易の構図が著しく変移してきたことも見逃すことはできないだろう。事実、前掲幸田成友氏の『日欧通交史』によると、イスパニアは一六二七年（寛永四）には、朱印船二隻を拿捕して、朱印状を奪取するという事件も起こしており、幕府としても懸念すべきことであったに違いない。東南アジア諸国では前述したアユタヤのように日本人町が焼き討ちにされるなどの迫害を受け、さらに、ヨーロッパ各国と朱印船をめぐる事件が続発し、そのうえ朱印状が疎略に扱われるということは幕府の主権がないがしろにされてきていたことも意味するものである。

幕府が「鎖国」に踏み切った理由は一つではないだろうし、これまでにも政治、経済、宗教というような様々な視点から数多く論述されてきた。ただ、ここで東南アジアにおける対外関係という点からみるならば、朱印船と他国船との紛争を回避して、さらには日本の主権を維持するために、朱印船の派船に様々な統制を加えてきたことは間違いない。その中でも茶屋家をはじめとする特権商人は奉書を下付されることで例外を認められてきたわけであるが、その特権さえ剝奪した統制の最終段階が、一切の日本人の海外渡航の禁止だったのではないだろうか。

夢と終わった朱印船貿易の再開

寛永十二年（一六三五）の三月に、出航を目前にして茶屋船の交趾への渡航が許可されなかったことは前述した通りである。これは何も茶屋家だけに限られたことではなく、オランダ商館長ニコラス・クーケバッケルの日記一六三六年（寛永十三）三月二十二日の条（『オランダ商館長の日記』）には、

これまで常にトンキン、カンボディア、交趾シナ及びその他の各地にそのジャンク船を送ってきた資本家たちは、従来の慣例に従い渡航免状を入手できるようしきりに閣僚たちに願い出たところ、貴方がたは何故かくも愚かしいこと、すなわち行われる見込みもなければ、行うべきでもないことを要求するのか、というのも、陛下が禁止したこと、そんなことを、我々が彼の命に反して頼みに行くことは許される筈がないからであるということ。

とあるように、はやくも翌年には朱印船貿易家が一同に渡航許可の要請を行っていたことがうかがわれる。

朱印船は冬期に出航することになっており、貿易の再開がちょうど一年後の出航の時期に要請されたことに着目すれば、茶屋家をはじめとする特権的な豪商は、奉書船の派船が一回

の航海に限って中絶されたものと判断していたのだろう。しかしながら、こうした朱印船貿易再開の要請があったにもかかわらず、この年の五月には、「異国江日本の船遣わし候儀堅く停止の事」（『憲教類典』）と制定されたのである。寛永十年令においては「奉書船の外」の派船が禁止されただけであって、朱印状のほかに奉書が下付されれば貿易を行うことは可能であった。ところがこの寛永十三年令によって、これまで特例を認められてきた茶屋家でさえ、朱印船の派船を停止せざるを得なくなってしまったのである。

ただ、幕府にしても朱印船貿易再開を検討していたということが、オランダ商館長フランソワ・カロンの日記一六三九年（寛永十六年）五月二十二日の条（『オランダ商館長の日記』）に、カロンと酒井忠勝との談話の中に示されている。すなわち、

閣僚讃岐殿《(酒井忠勝)》が再度我々に次のように話した。すなわち、我々《(酒井忠勝等)》は、ポルトガル人が追放されたならば、貴下達のみならず、シナ人も来航を妨げられるものと考えていた、と。我々《(カロン等)》は、これとは反対の事を、地図を示して、理由を挙げ、適切に説明した。殿下はさらにこう言った。我々は総べてを良く理解した。そして以上述べられたことについては、我々は我々の計画を決してなおざりにはせぬであろう。我々に何か足らぬ物があれば、我々は自身のジャンク船を仕立てて、我々に必要な物を取りに遣るつもりである。もし

この事が実現した場合、貴下等はどのように考えられるか。ポルトガル人は我々の船を攻撃し、損害を与えることができるであろうか、と。

とある。話の重点はポルトガルの追放に関するものであるが、忠勝は仮にポルトガルを追放したがために必要な商品が日本に舶来しない場合には、朱印船を渡航させることを想定していたことがわかる。

その際に懸念されるのは、ポルトガル船が朱印船を攻撃することが可能か否かということであって、この質問にはカロンは、朱印船が東京、交趾、暹羅、柬埔寨に渡海すれば必ずポルトガル船は攻撃を仕掛けるに違いないと返答している。だが実際問題として、十七世紀はオランダの時代といわれるように、海上の覇権はイスパニア、ポルトガルに替わってオランダが握っていたので、そのようなことは有り得なかったと思われる。とはいうものの酒井忠勝をはじめとする幕府年寄衆は、さらに続けて、

大部分は国外へ渡航する日本のジャンク船には許可証を与えるべきではなく、それは、外国人がその手でこの国民を侵害せぬためである、との考えであった。しかし、数人はこの考えに異議を唱えたが、結局、各自が自分の考えを述べ、最後に最高の閣僚が結論してこう言った。我々は、他の人々の奉仕を受けることができる限りは、日本が自身の

船を国外に渡航させることを必要しない。私は、良い時期にこの件を考えた上、そうするのに良い機会に陛下に取次ぐつもりである、と。

と記されている。つまり幕府としては、朱印船が従来舶載してきた商品がオランダ船と中国船によって舶来されるのであれば、日本人の安全の保障ができない東南アジアにまで朱印船を派船させる必要がないと考えたのである。だが、あくまでもこれは多数決での決定であって、朱印船貿易を再開させようとする意見もあったことが記されていて、むろん禁令が緩和される可能性もあったことを示唆している。

承応元年（一六五二）以降も茶屋延宗・角倉与一・平野藤次郎・末吉八郎右衛門らによって朱印状の交付の要請がなされているが、幕府の返答には「久々中絶致し候儀候条、早速相談も成り難く候」と述べられており（川島将生「朱印船貿易再開をめぐる一史料」『古文書研究』三二号）、禁令が絶対的なものではなく、いまだ検討の余地が残されていたことを知ることができよう。茶屋家をはじめとする豪商が貿易再開の交渉を継続させていたのも、このような幕府の政策を反映してのことであることは間違いない。しかしながら、二十年にもわたる交渉の結果、最終的に朱印船貿易が再開されることはなかったのである。

ただ、寛永十七年（一六四〇）の設立とされる會安《ホイアン》近郊の「普陀山霊中仏碑」という石碑に、「日本国茶屋竹嶋川上加平衛浅見八助　銅五百七十斤」と刻まれていることから茶屋家がこの時交趾に派船していたのではないかと考えられているのも事実である（ヴーミン・ザン「ホイアンの日本人・日本町及び日本人の遺跡」『海のシルクロードとベトナム』）。この石碑が、茶屋新六郎が阮福源から下賜されたという瀧見観音画像にも描かれている観音像の横に建てられていることを考えれば、茶屋家が中心となって銅を寄進したのは確かかもしれない。しかし、これだけのことから茶屋家をはじめとする日本人が、海外渡航の禁令が出された後も交趾に来航していたと考えるのは早計であろう。

ここに刻まれている茶屋が誰であるのかは判明しない。しかし、茶屋家の派船は、寛永十二年（一六三五）から途絶していたから、寛永十七年に茶屋家の人間が日本から渡海していたとは考えにくいのである。

たしかに交趾において依然として日本人が交易をしていたことは、オランダ商館長ニコラス・クーケバッケルの日記一六三七年（寛永十四）八月七日の条（『オランダ商館長の日記』）に、

鮫皮の集荷は（パタニとの講和により）例年より盛んに行われていたが、しかしこの取引では、交趾シナに住む日本人商人たちにより凡ゆる手段を用いて、同地でもパタニで

も会社が出し抜かれ、彼等は我が方を能う限り妨害し混乱させようと努めている由。とみえる通りである。しかし、ここで活動していたのはあくまでも帰国せずに残留していた商人であった。

茶屋家は特権商人として、家康から直接朱印状を渡されて朱印船貿易に携わるほどであったが、幕府の海禁政策の前には如何ともしがたいものであったに違いない。寛永十二年（一六三五）の交趾宛の朱印状を幕府に返還した時点で茶屋家の朱印船貿易は終焉をみることになり、その後二度と行われることはなかったのである。茶屋家は初代清延の働きがあったからこそ、二代清忠が京都支配を仰せ付かり、三代清次のときには公儀呉服師であるとともに朱印船貿易家として活躍することができたといっても過言ではない。そのような経緯が認められていたために奉書船の派船というような特権も付与されていたわけであるが、すでに家光の時代には対外政策の転換もあり、たとえ茶屋家であっても例外は認められなくなったのだろう。アジア域内の朱印船をめぐる事件を背景に、奉書を下付される特権も排されたため、茶屋家も例にもれず朱印船の派船は不可能になったのである。五代延宗の朱印船貿易再開の請願は結局聞き入れられず、その後は本業の呉服師としての商売に尽力したものの、これとて特権によって支えられていた点では朱印船貿易と何ら変わりなかった。公儀御用達の呉服師への、糸割符の白糸が配分される特権も、三井越後屋のような新興商人の台頭する中で次第に失われていき、これに比例して家門も振るわなくなっていったのである。

おわりに

家康・茶屋四郎次郎と国際交流

江戸時代のはじめ、幕府が貿易独占と海禁政策、すなわち「鎖国」に突き進んだため、それが、幕府の最初からの方針だったと考えられている節がある。つまり、「鎖国」のレールを敷いたのが家康だとするとらえ方である。

しかし、それは全くの誤解で、家康は、秀吉の強硬外交の失敗をふまえ、一転して通商による平和協調外交に切りかえているのである。家康の時代は、わが国の「大航海時代」だったといっても過言ではない。その平和協調外交、すなわち国際交流に、茶屋四郎次郎が深くかかわっていたのである。

時系列で追ってみると、家康が、秀吉亡きあとの政権構想を描く上で注目される動きは関ヶ原合戦の直前にあった。慶長五年（一六〇〇）九月十五日が関ヶ原合戦の日であるが、その半年前の三月十六日、オランダ船リーフデ号が豊後の臼杵湾入口の佐志生《さしう》というところに漂着した。

当時はまだ五大老の一人にすぎなかった家康は、船を和泉《いずみ》の堺に回航させるとともに、航海長のウィリアム・アダムスと船員のヤン・ヨーステンを大坂城によび、海図で航海の模様を説明させるとともに、ヨーロッパをはじめとする、世界の国情についての話を聞いている。ちなみに、この二人はこののち、幕府ができるとともに外交および貿易顧問に迎えられているのである。

ついで、翌慶長六年（一六〇一）十月、家康は五大老の一人にすぎないという立場にもかかわらず、安南の順化鎮守阮潢《グエンホアン》、イスパニアのルソン総督ドン・フランシスコ・テリョ・デ・グスマンに修好を求める書簡を送っている。家康が征夷大将軍に任命される以前、「天下の家老」という立場ながら、こうした外交権を握っていた点は注目される。

しかも、一〇二ページでみたように、安南は北部の東京と、南部の交趾に分かれ、茶屋家の主な交易相手が交趾の阮氏だったことを考えると、この修好を求める相手国の選択に二代茶屋四郎次郎清忠が何らかの形でかかわっていたとみることができよう。

慶長九年（一六〇四）には糸割符制度が導入されている。これは、輸入品生糸の利益をポルトガル商人が独占していたものを改善するシステムで、糸割符仲間に茶屋家が入っていたことはいうまでもない。

そのころ、オランダ東インド会社が設立され、慶長十四年(一六〇九)には、オランダ船が平戸に入港し、通商を要求してきたが、幕府はそれを許可し、オランダは平戸に商館を建設している。この段階では、将軍は二代秀忠であるが、こうした外交関係は、駿府の大御所家康の裁断であった。おそらく、そのブレーンとして、茶屋四郎次郎、ウィリアム・アダムス、ヤン・ヨーステンらの意向に従う形だったものと思われる。

家康は元和二年(一六一六)四月十七日、駿府城で亡くなるが、正式な朱印船貿易がはじまった慶長九年(一六〇四)から元和二年までに海外へ出ていった朱印船の数は一九五隻を数えており、これは、その後、朱印船貿易が途絶する寛永十二年(一六三五)までの一六一隻にくらべても多い。家康の時代が朱印船貿易の全盛期だったことは明らかである。

では、そうした家康の外交政策にもかかわらず、「鎖国」へのレールを敷いたのが家康であるかのように語り伝えられたのはどうしてなのだろうか。

家康自身、貿易制限しようとする動きを一度もとっていないのに、「鎖国」への先鞭をつけたとみられるのは、キリスト教の禁止と関係があるのではないかと考えられる。

幕府は、慶長十七年(一六一二)三月二十一日、京都所司代板倉勝重と長崎奉行長谷川藤

広にキリスト教の禁止と南蛮寺の破却を命じている。これは、駿府の大御所家康の判断であった。京都・長崎だけでなく、江戸・大坂など幕府直轄地においても禁止されている。

しかも、翌年十二月二十三日には、家康のブレーンの一人以心崇伝の起草になる「伴天連追放之文」が出され、全国的にキリスト教が禁止されている。

しかし、家康の段階では、キリスト教の布教は禁止されたが、貿易の禁止とか制限にまでは至っていない。家康は、貿易とキリスト教を分けて考えていたのである。「鎖国」へのレールは、家康死後、秀忠によって推進される。具体的に、やはり、時系列で追ってみよう。

家康が亡くなって四か月後の元和二年八月八日、秀忠は中国船以外の外国船の寄港地を平戸と長崎に限定する命令を出しており、さらに同七年(一六二一)七月二十七日には、幕府は九州の諸大名に、日本人の外国船での渡航、武器の輸出入、外国人への日本人の売り渡しを禁止する命令を出している。

そうした中で、同九年(一六二三)十一月十三日にはイギリスが平戸の商館を閉鎖して対日貿易から撤退し、十二月には、幕府はポルトガル人の国内居住地を制限するとともに、日本人のルソンへの渡航を禁止しているのである。なお、ポルトガルとの貿易も寛永五年(一六二八)に中断して、最終的には同十六年(一六三九)七月にポルトガル船の来航が禁止され、ここに「鎖国」が完成することになる。

以上の経過をみても明らかなように、家康のときには朱印船貿易を奨励し、国際交流を推進していたことがわかる。家康の駿府大御所時代は、駿府が世界への情報発信地だったのであり、それを支えていた一人が茶屋四郎次郎だったのである。

異文化理解、国際交流が叫ばれるいまこそ、「大航海時代」の家康と茶屋四郎次郎を見直すよい機会ではないだろうか。

小和田泰経（おわだ・やすつね）
1972年（昭和47年）東京生まれ。國學院大學大学院文学研究科博士課程後期退学。歴史研究家。共著に『大名家の甲冑』『戦国の女性たち』『山内一豊と千代』などがある。

家康と茶屋四郎次郎

静新新書　017

2007年11月20日初版発行

著　者／小和田泰経
発行者／松井　　純
発行所／静岡新聞社
〒422-8033　静岡市駿河区登呂3-1-1
電話　054-284-1666

印刷・製本　図書印刷
・定価はカバーに表示してあります
・落丁本、乱丁本はお取替えいたします

ISBN978-4-7838-0341-6 C1221

静新新書

好評既刊